This Book Belongs To

Image Credit: Karly Santiago

TrantBooks

Table of Contents

Pattern	Page

Pattern	Page

Pattern	Page

Pattern	Page

Pattern	Page

Pattern	Page

Pattern	Page

Patterns

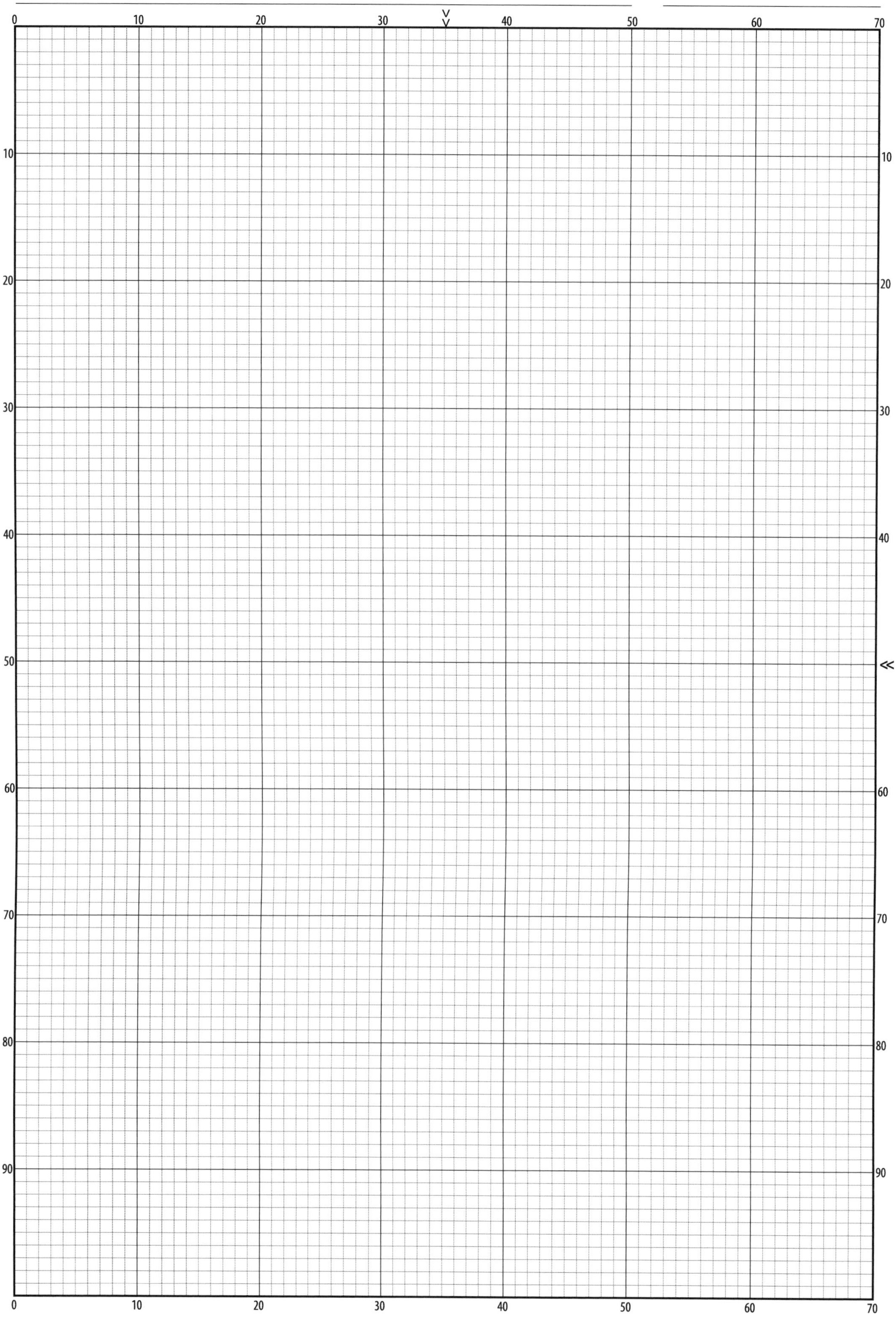

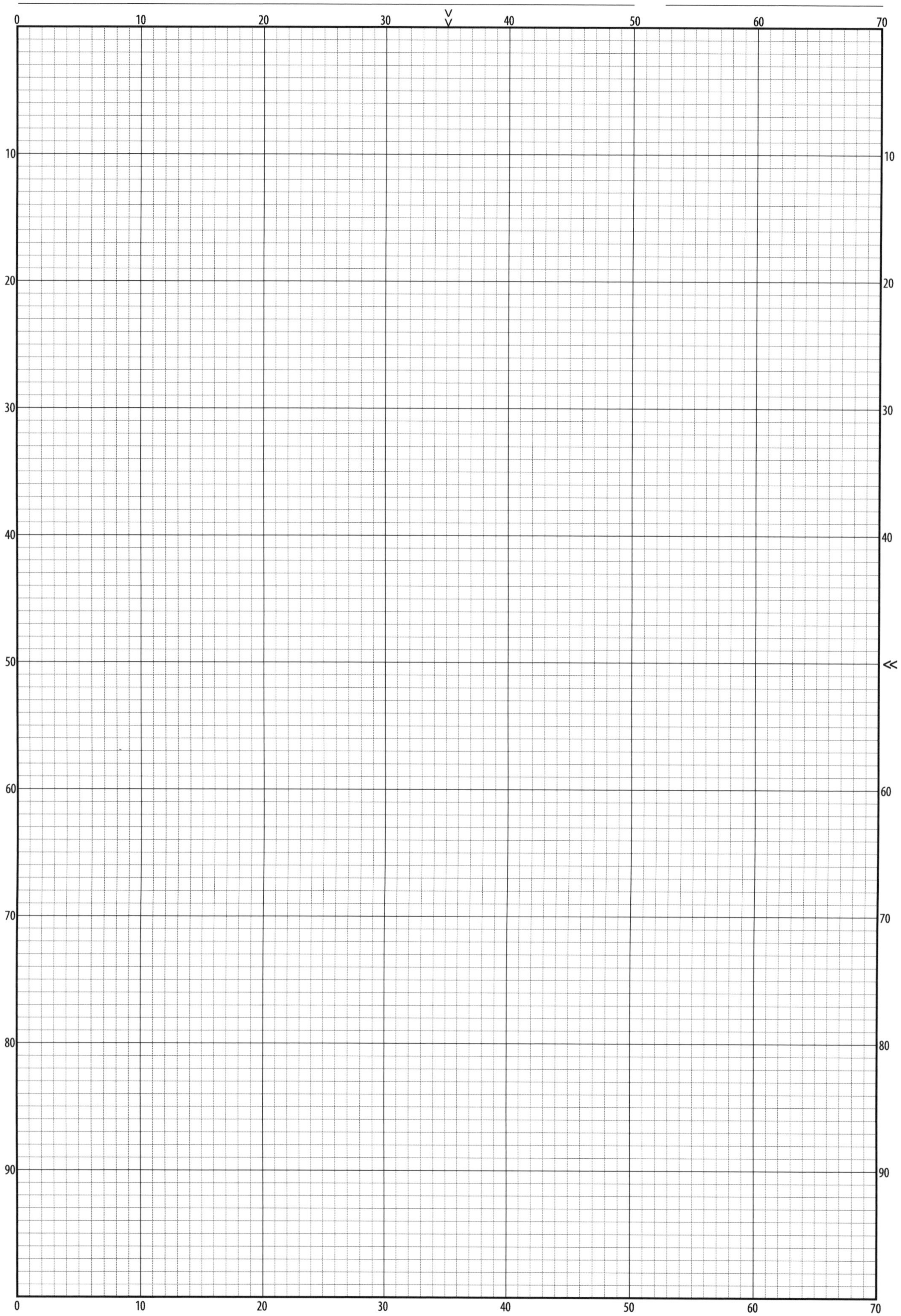
0
10
20
30
40
50
60
70
80
90

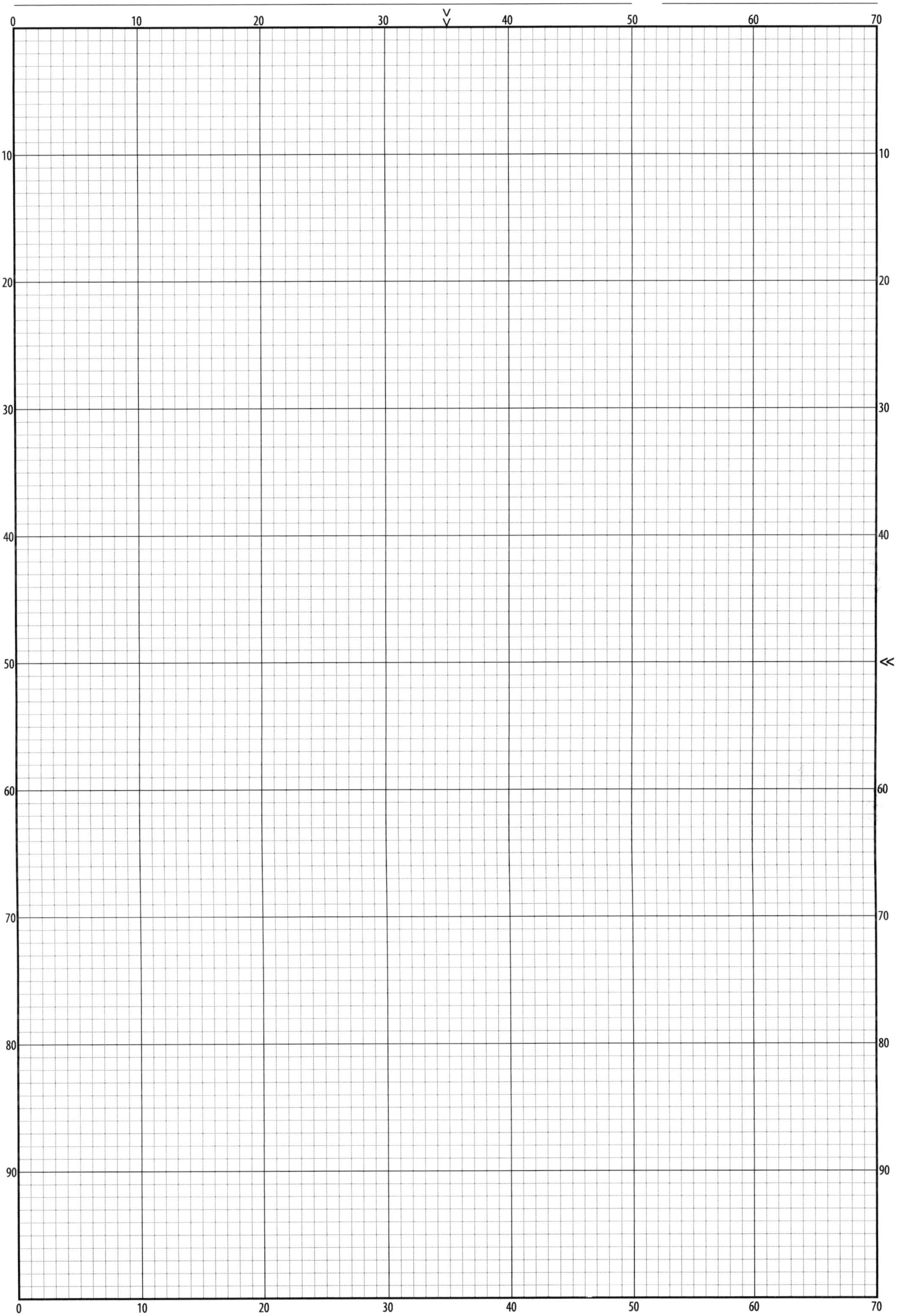

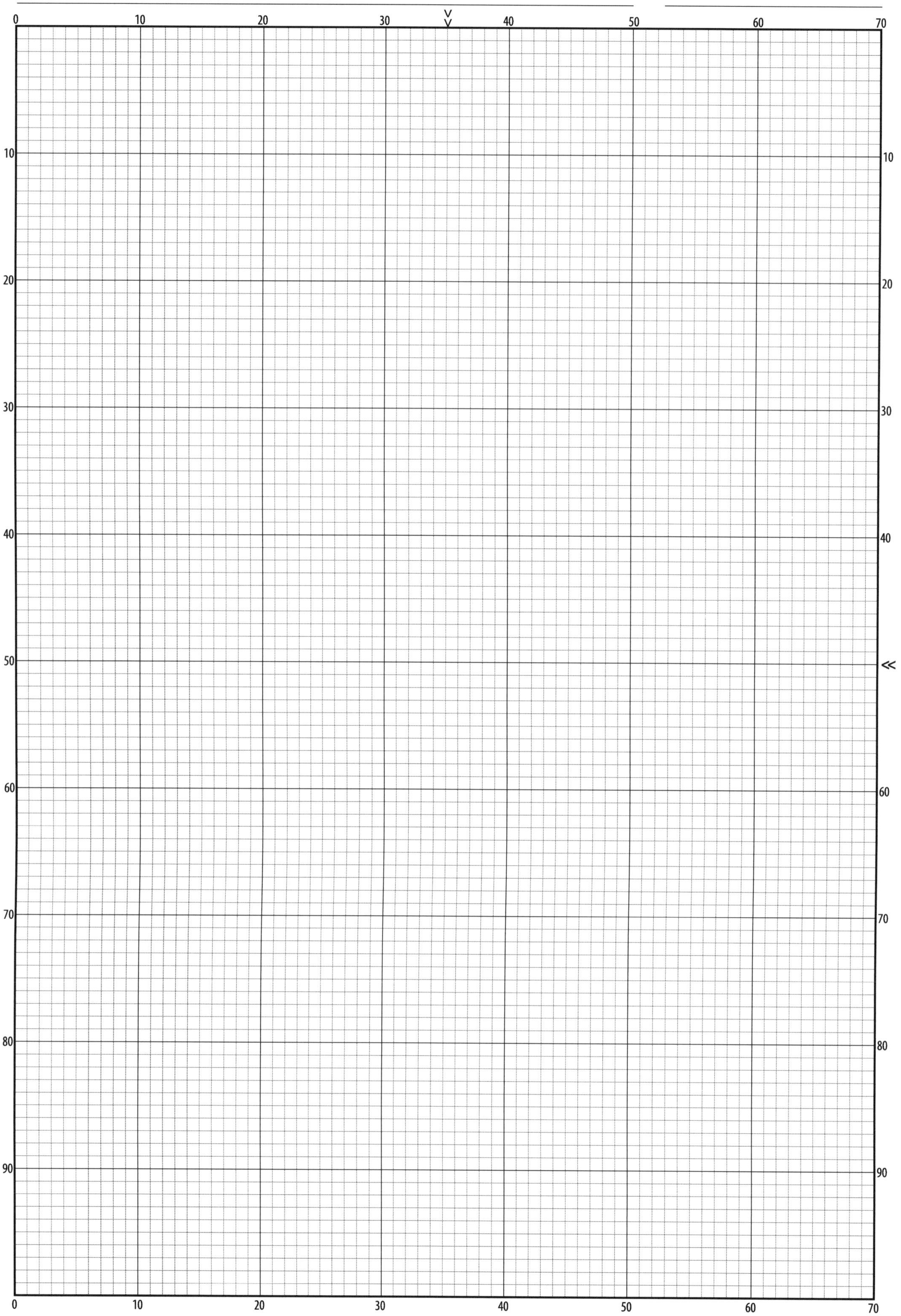
0 10 20 30 40 50 60 70
10 20 30 40 50 60 70 80 90

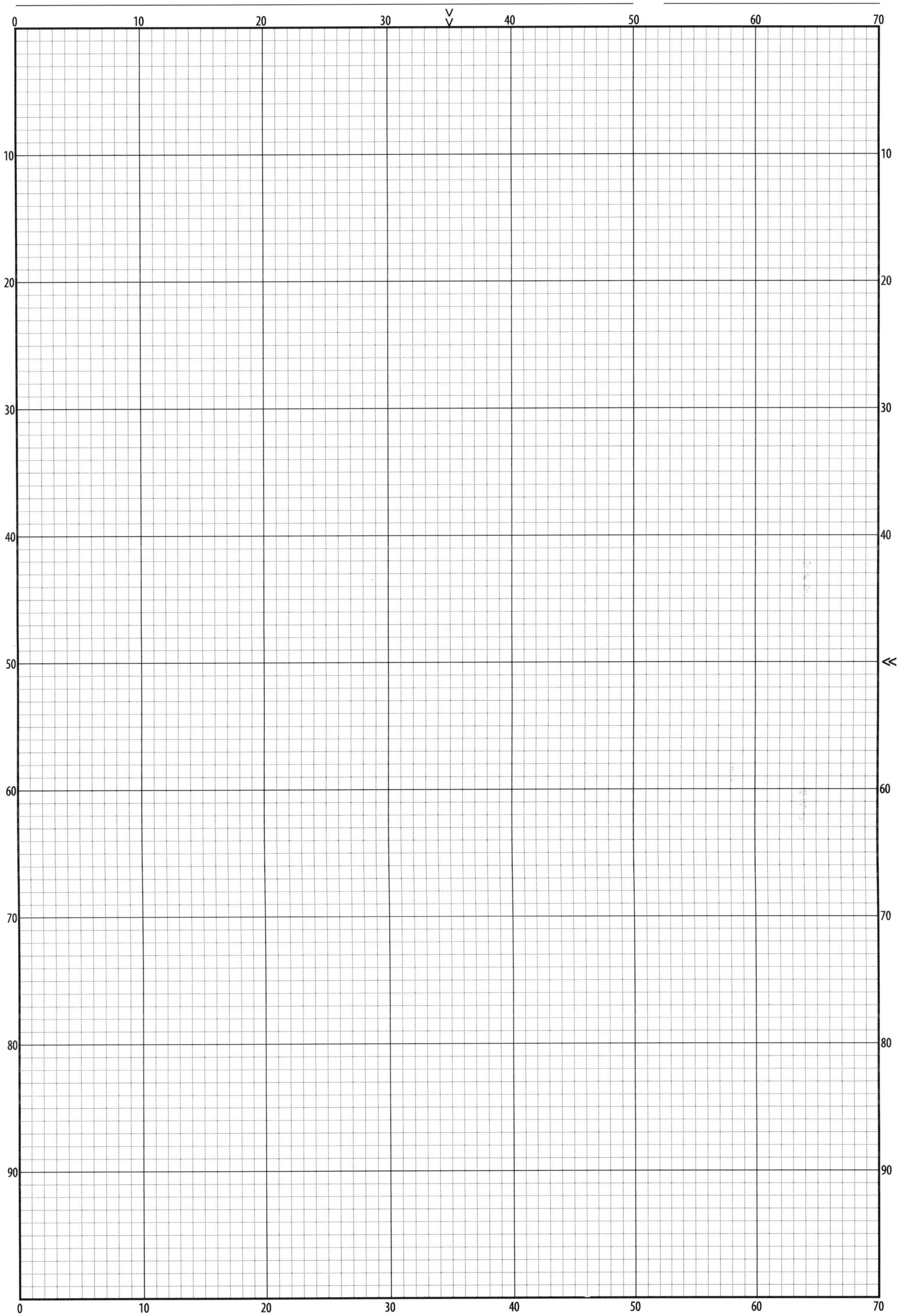
0 10 20 30 40 50 60 70
10 20 30 40 50 60 70 80 90

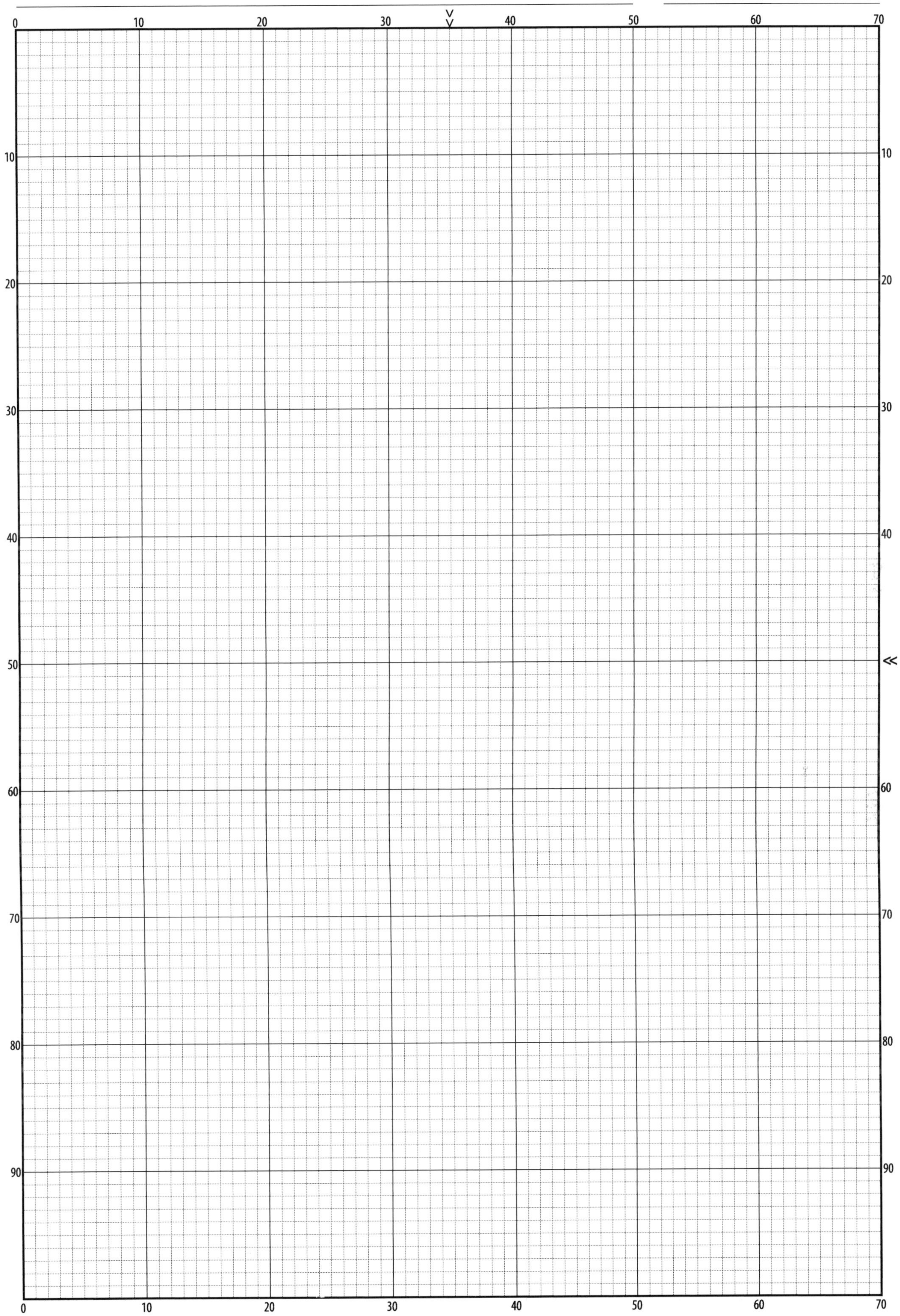

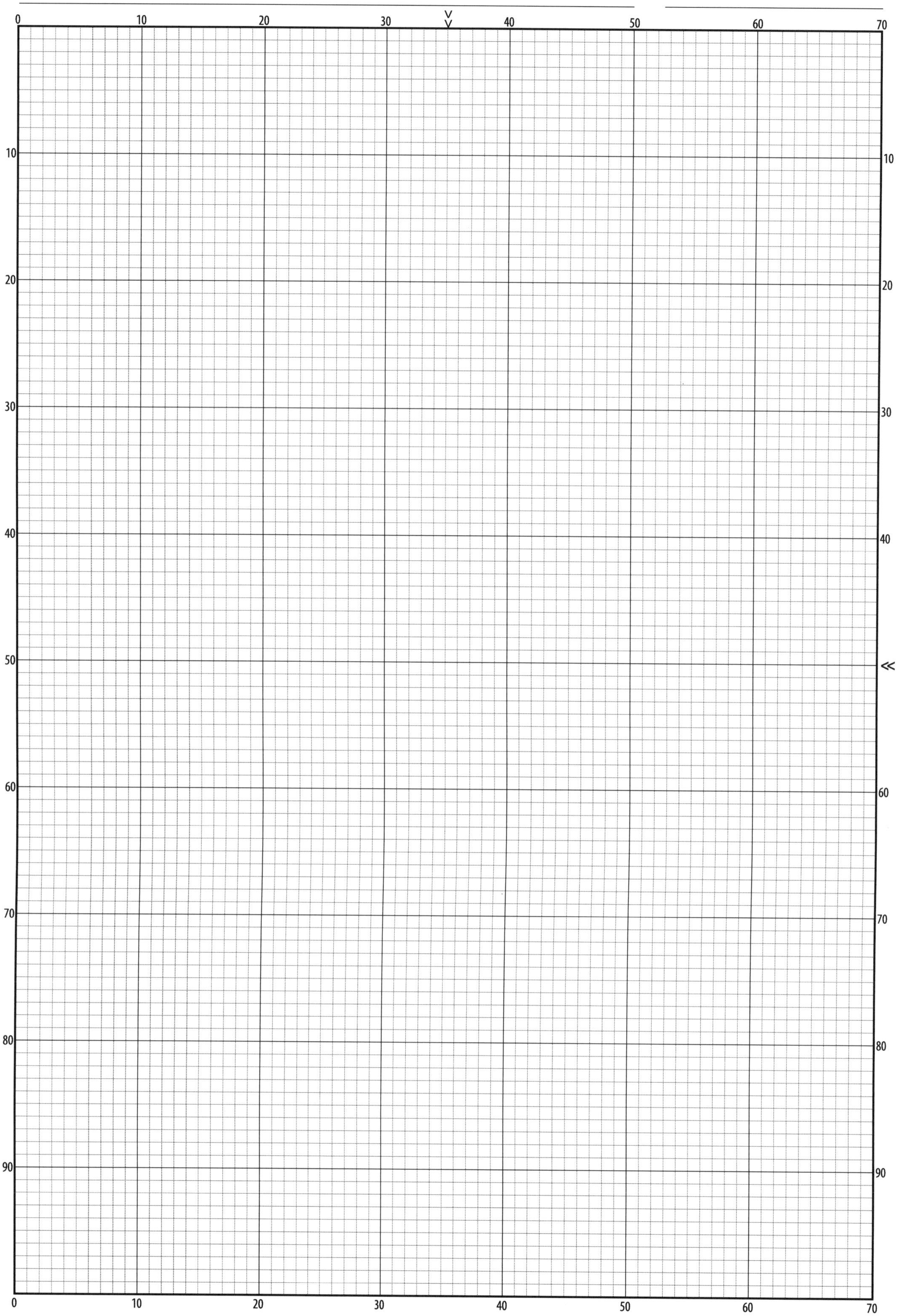

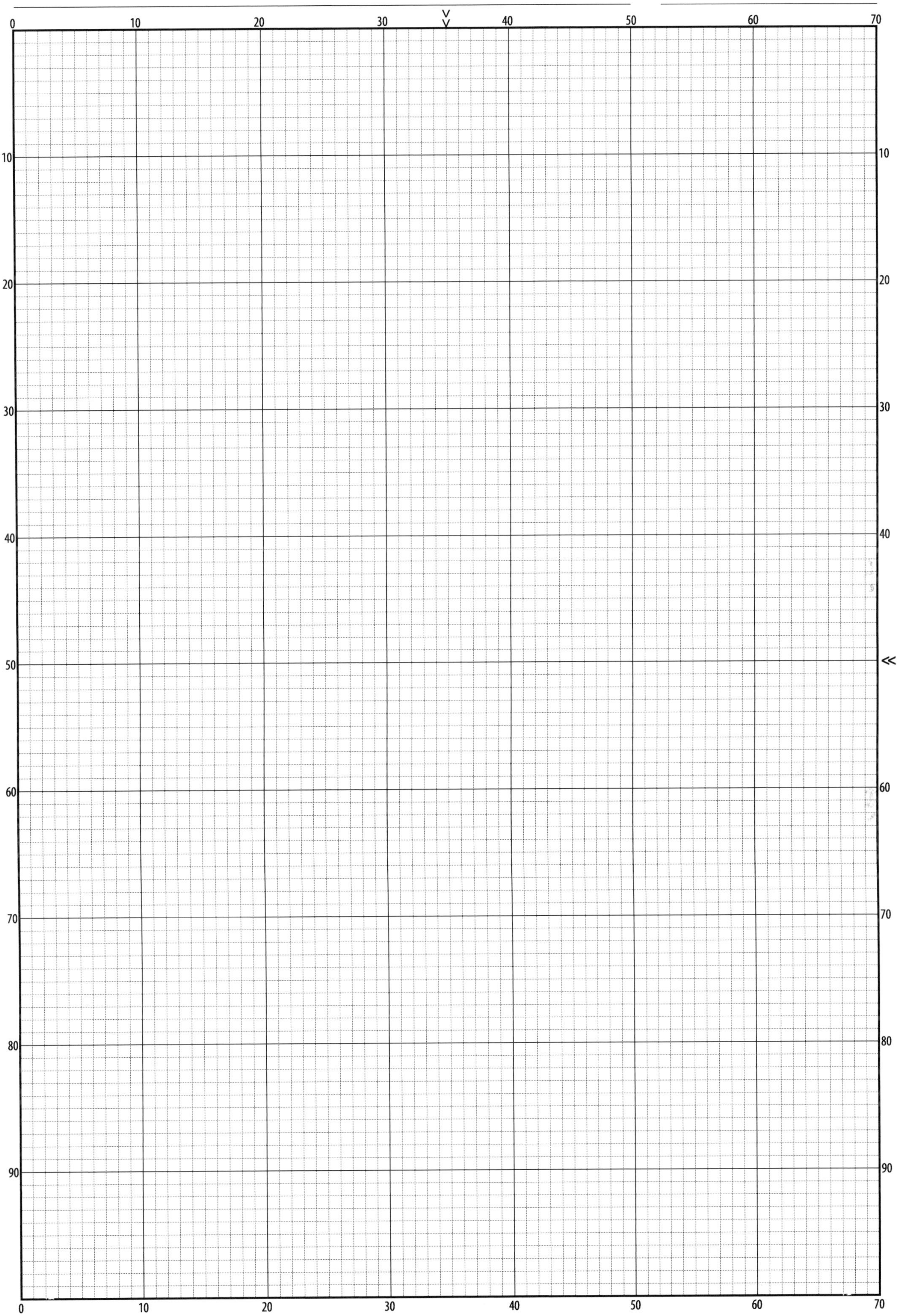
0 10 20 30 40 50 60 70
10 20 30 40 50 60 70 80 90

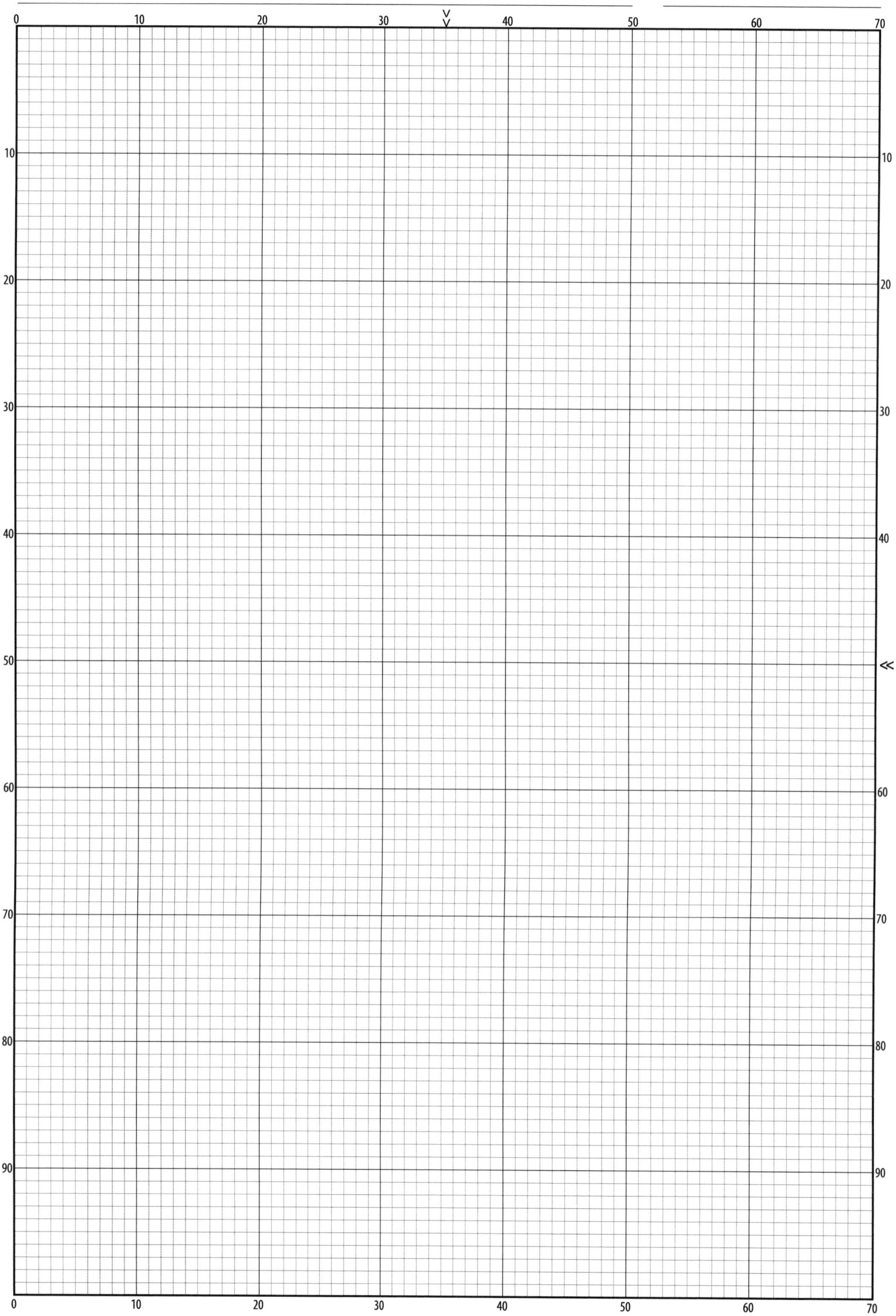
0 10 20 30 40 50 60 70
10 20 30 40 50 60 70 80 90
10 20 30 40 60 70 80 90
0 10 20 30 40 50 60 70

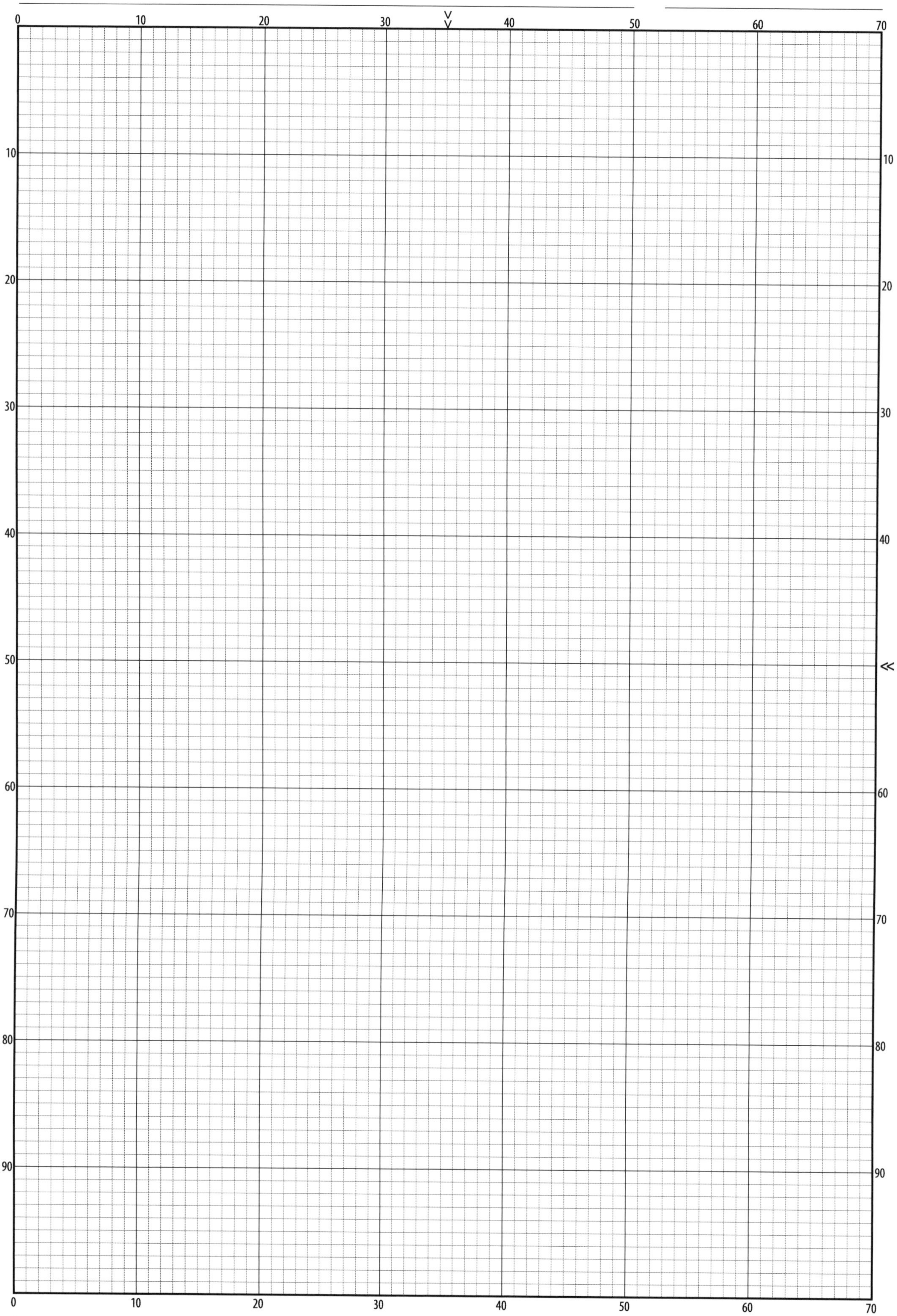

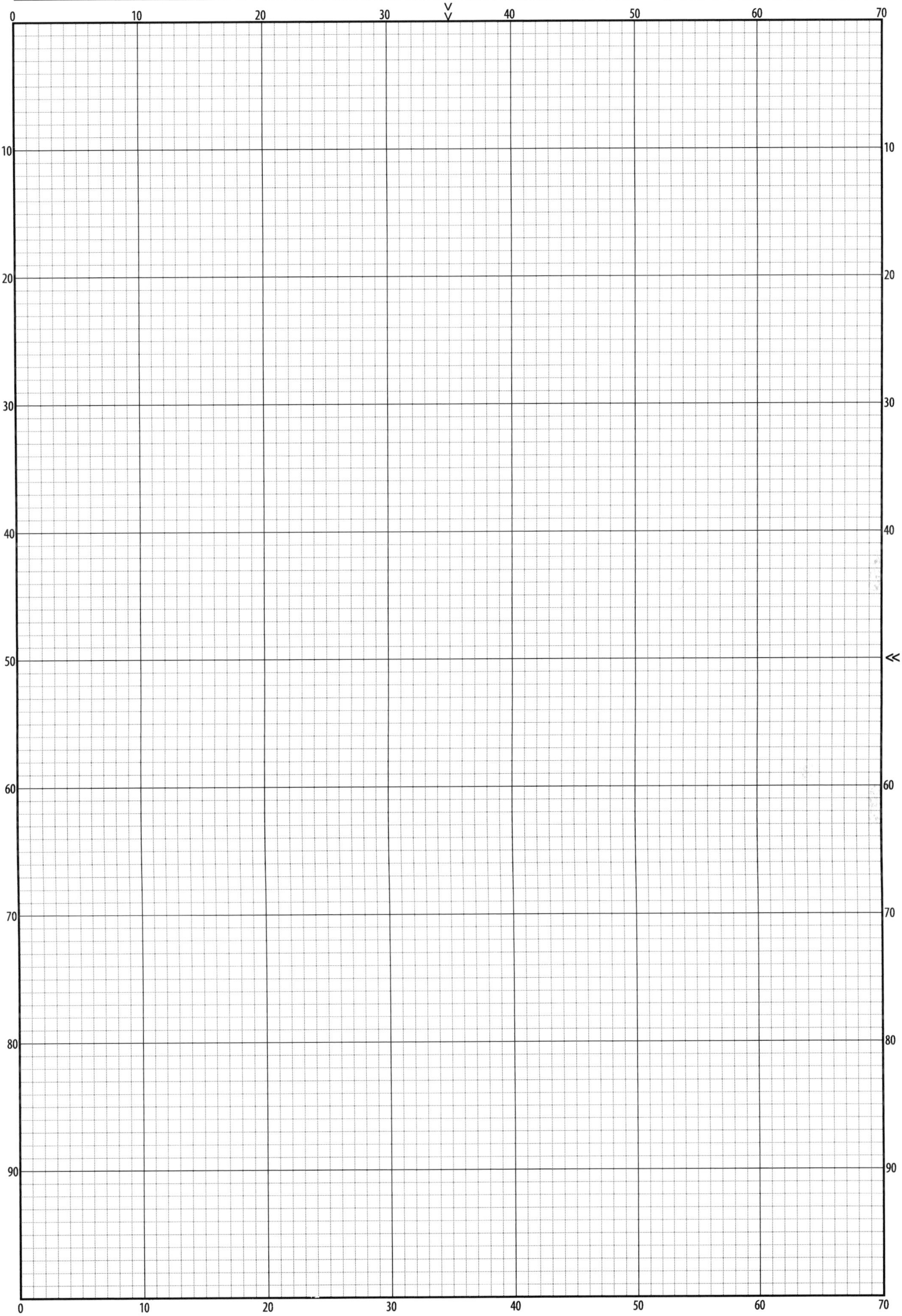
0 10 20 30 40 50 60 70
10 20 30 40 50 60 70 80 90
0 10 20 30 40 50 60 70

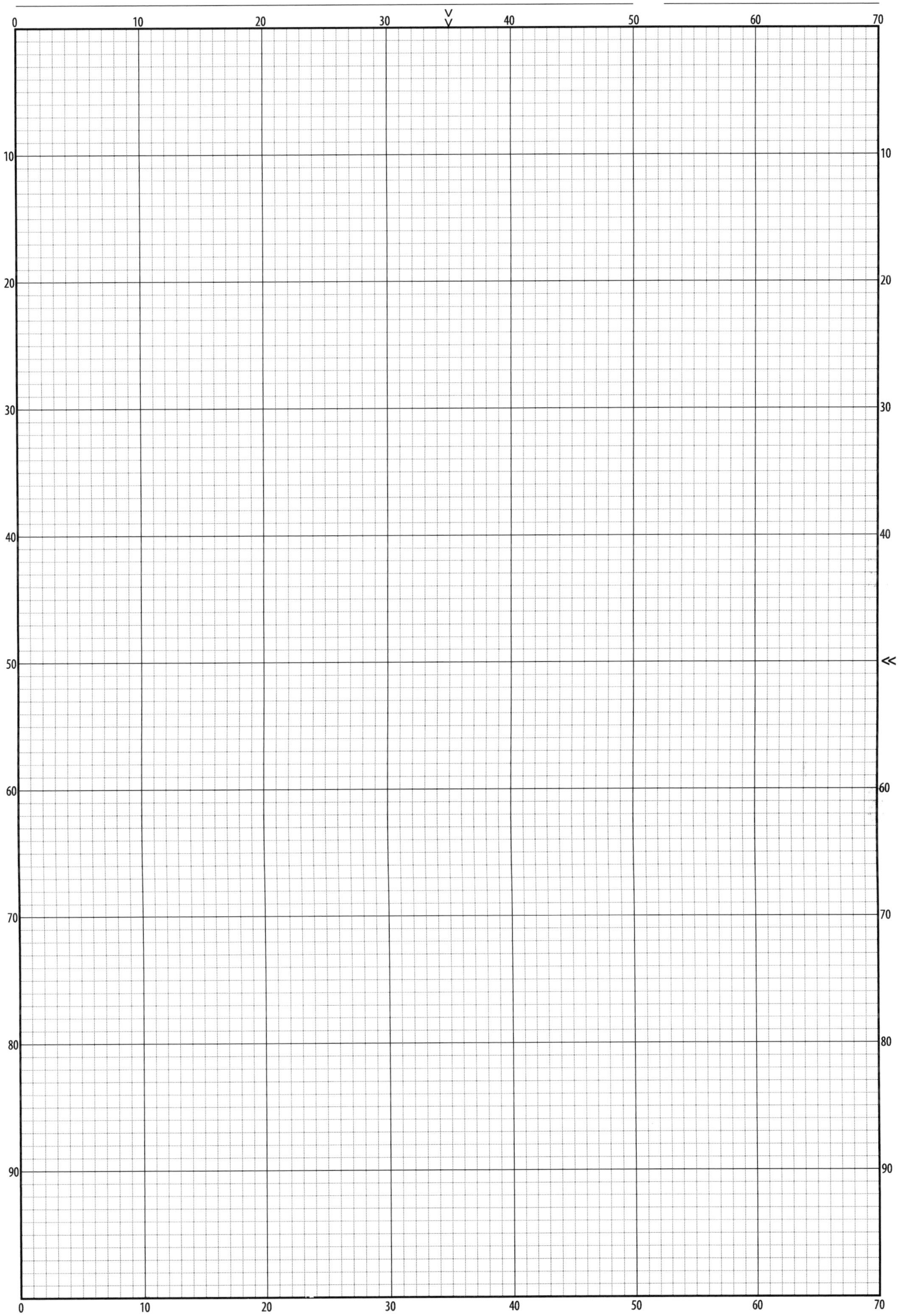
0 10 20 30 40 50 60 70
10 20 30 40 50 60 70 80 90

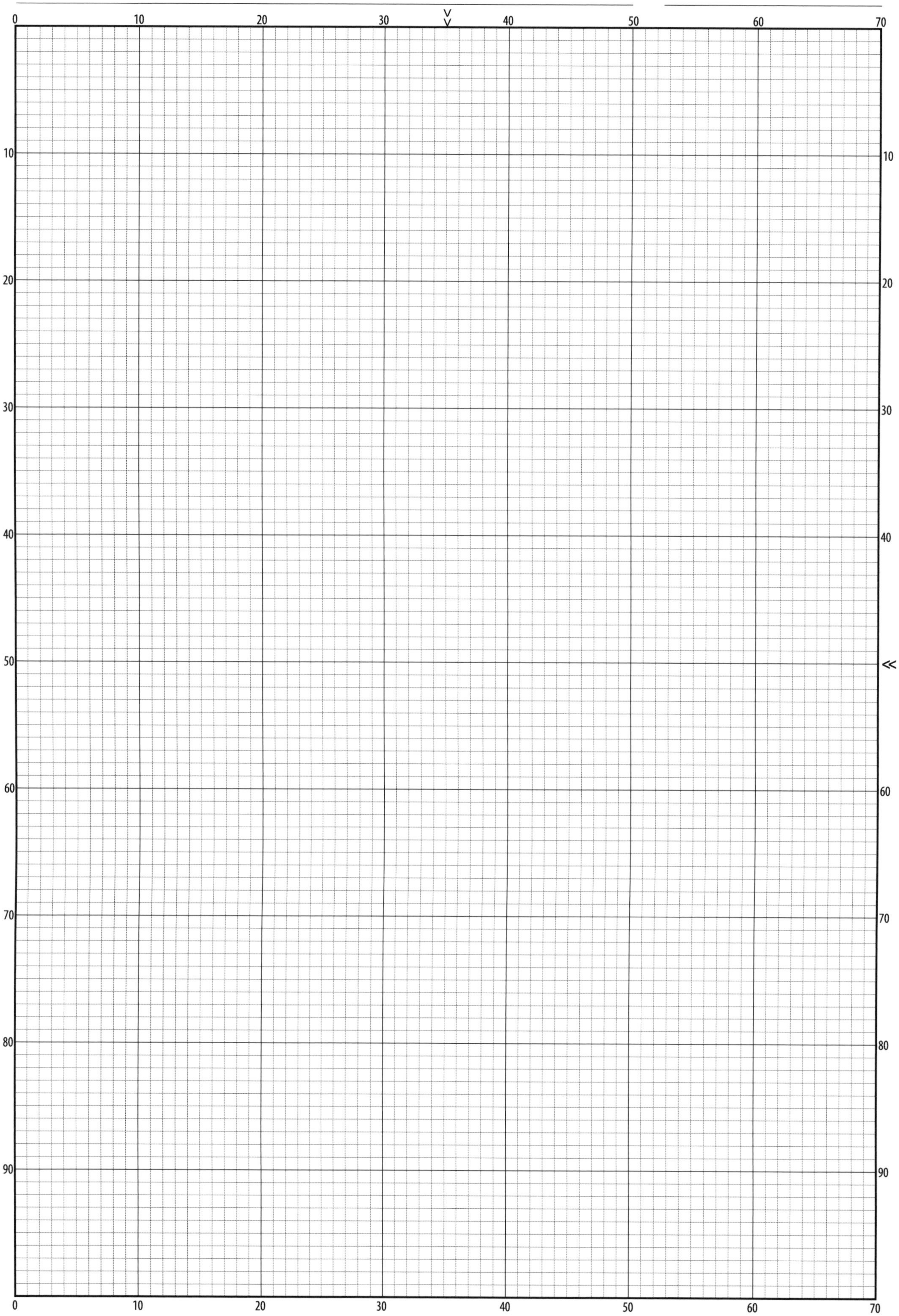

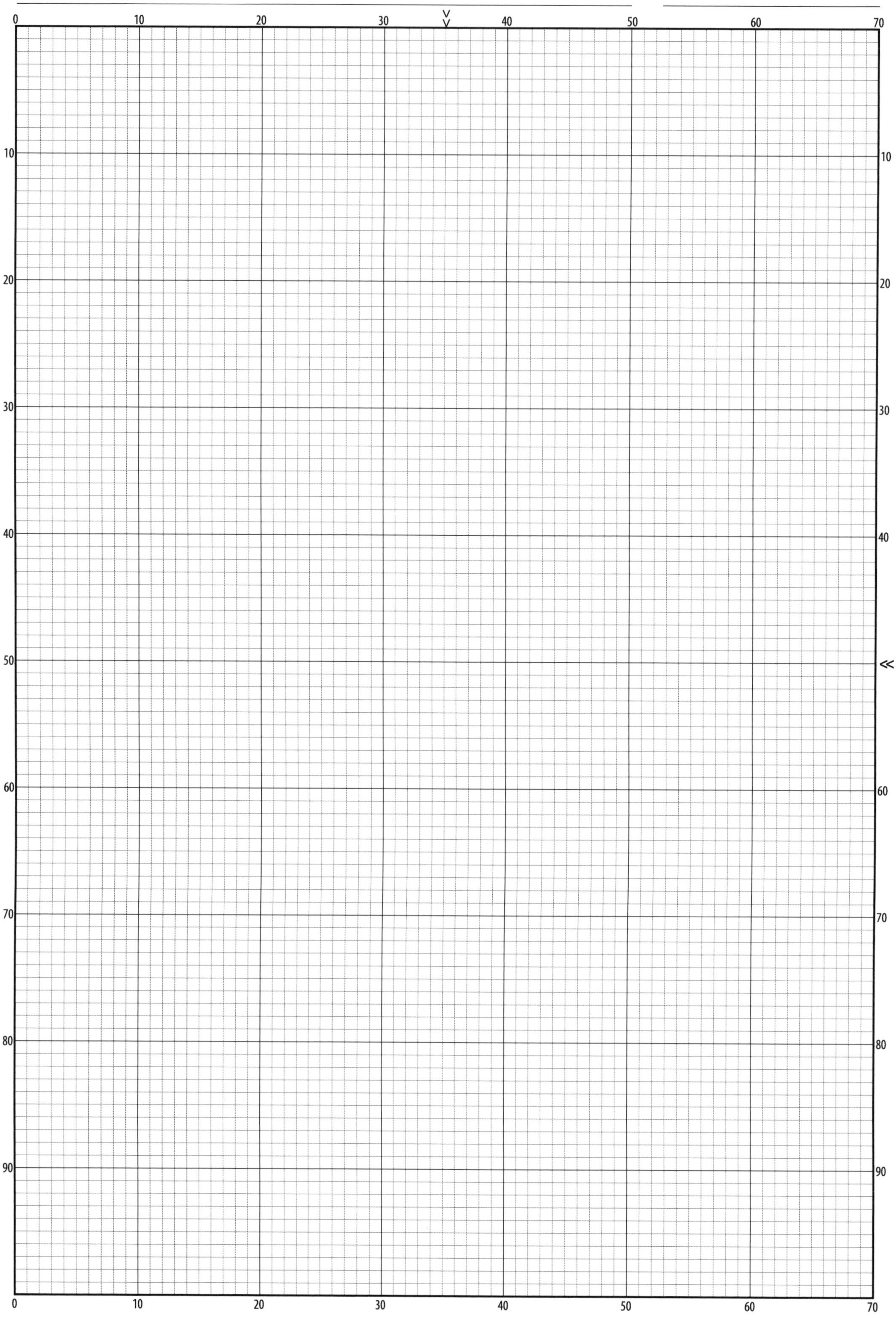

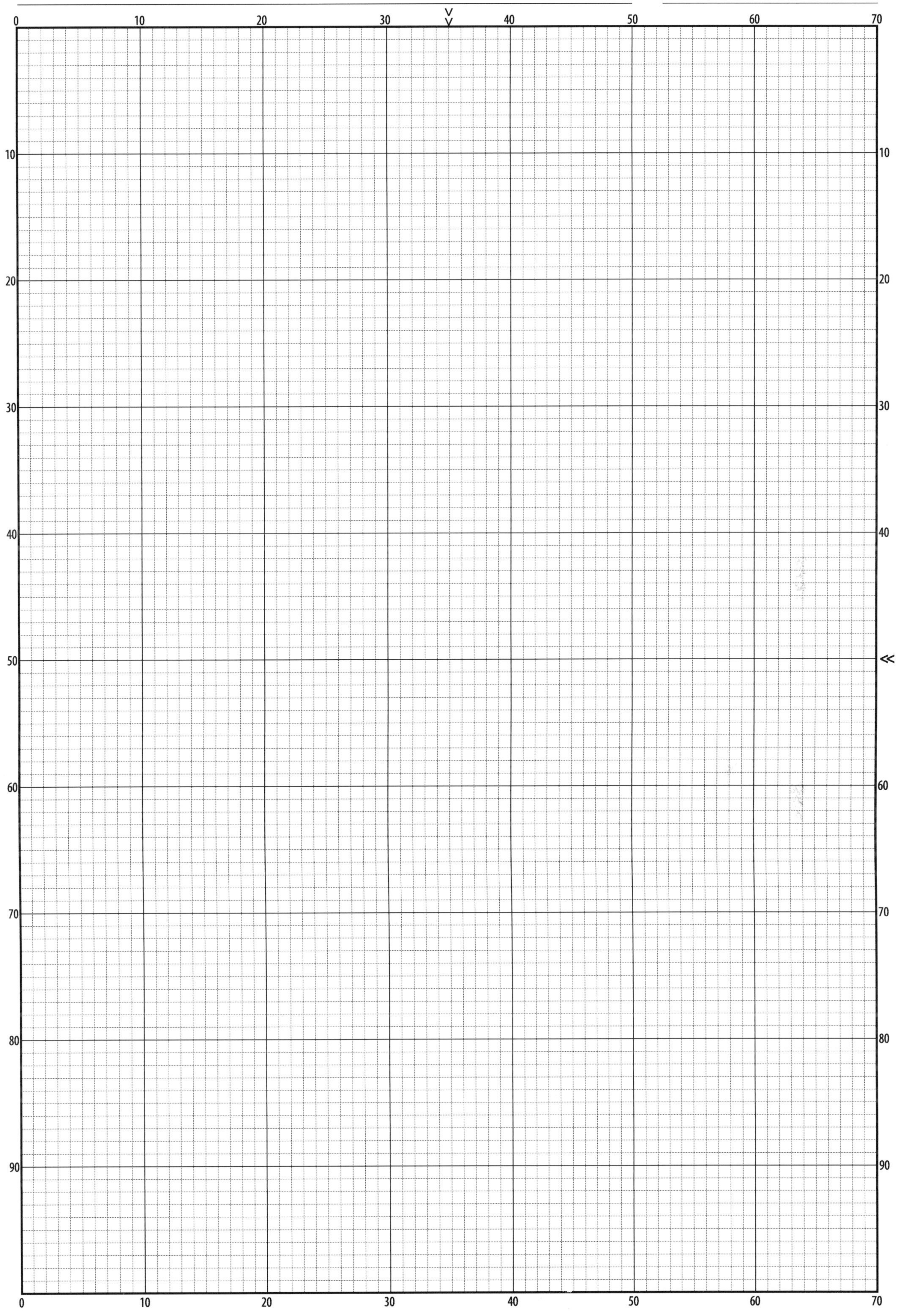
0 10 20 30 40 50 60 70
10 20 30 40 50 60 70 80 90
0 10 20 30 40 50 60 70

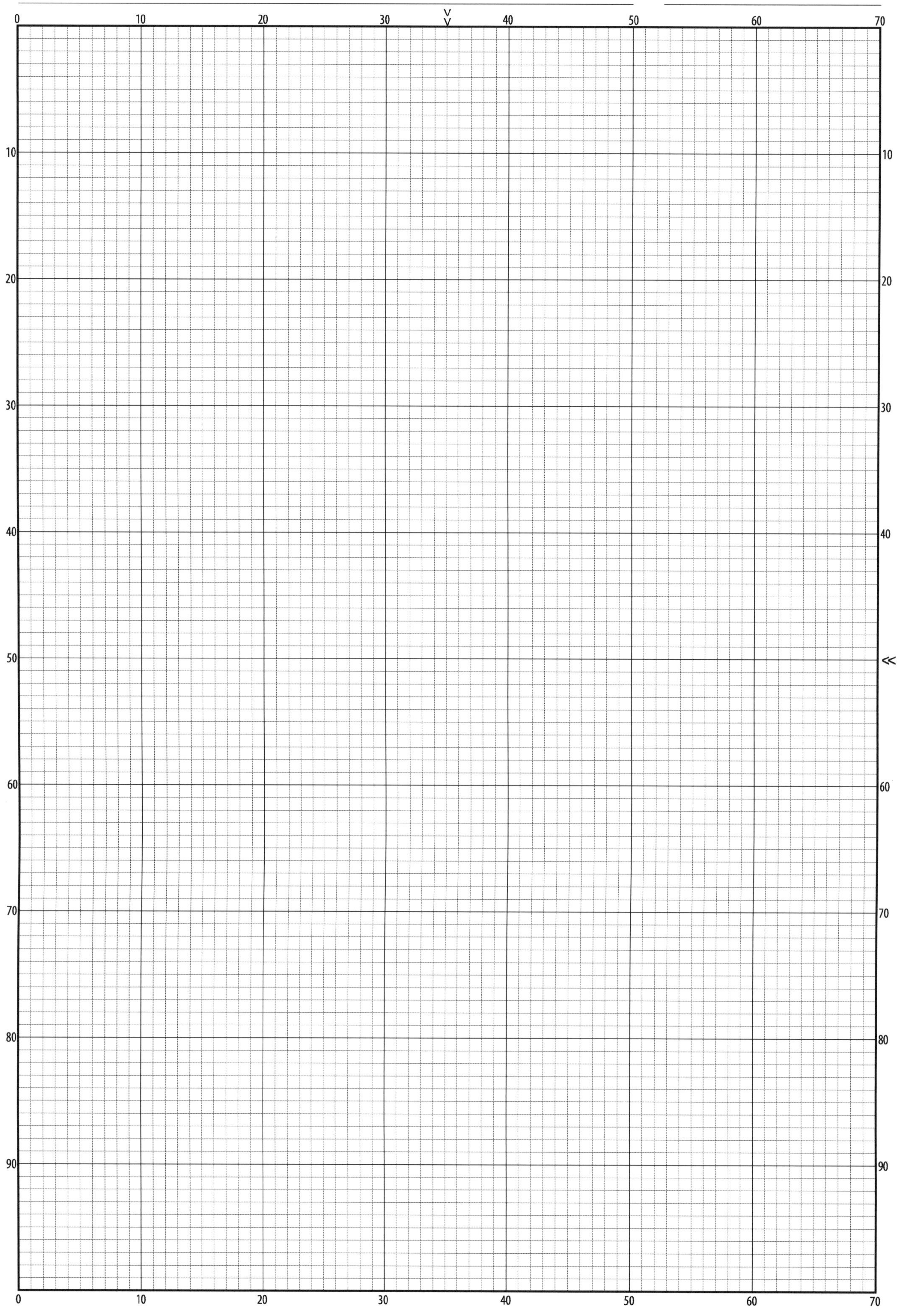
0 10 20 30 40 50 60 70
10 20 30 40 50 60 70 80 90

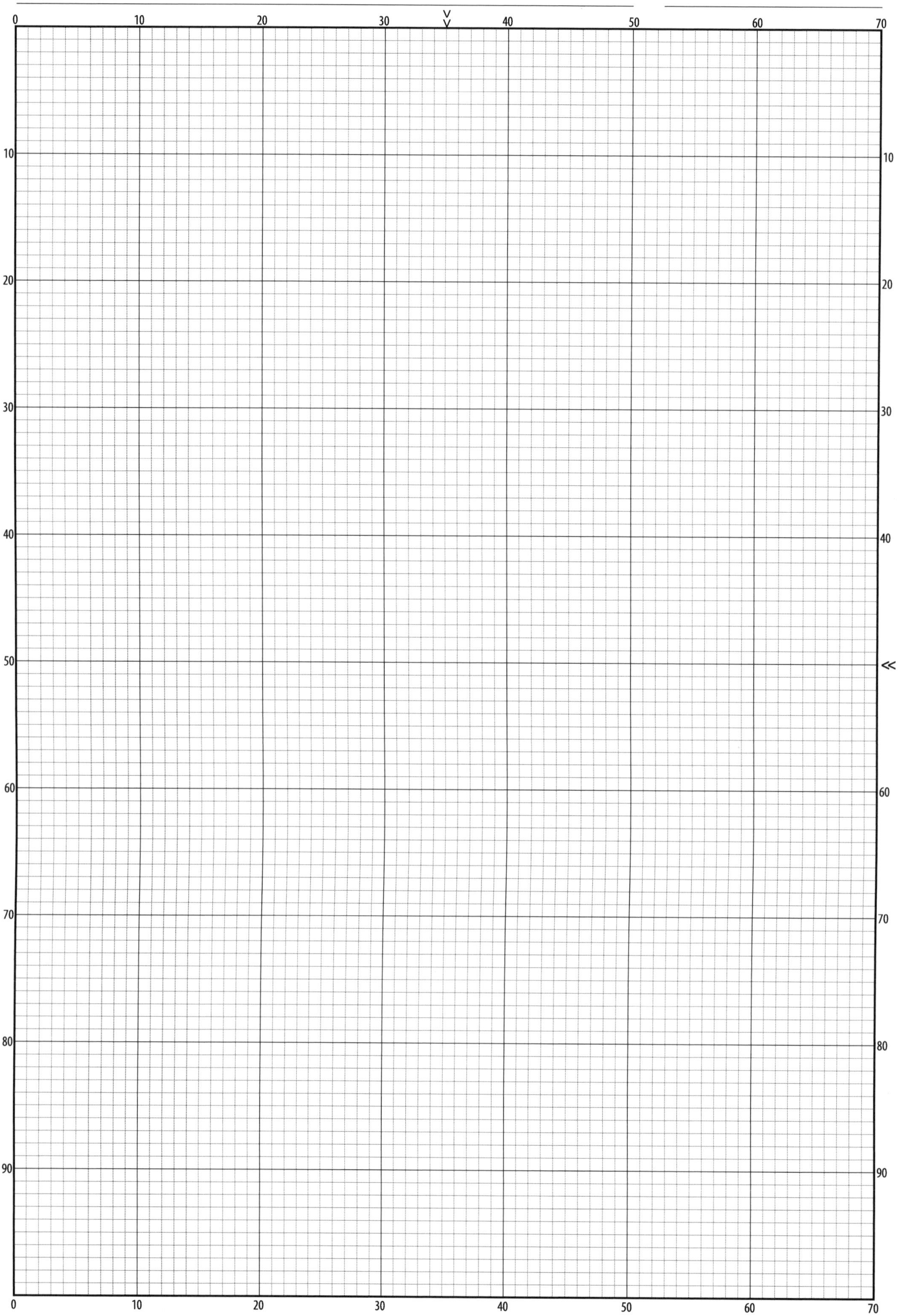
0 10 20 30 40 50 60 70
10 20 30 40 50 60 70 80 90

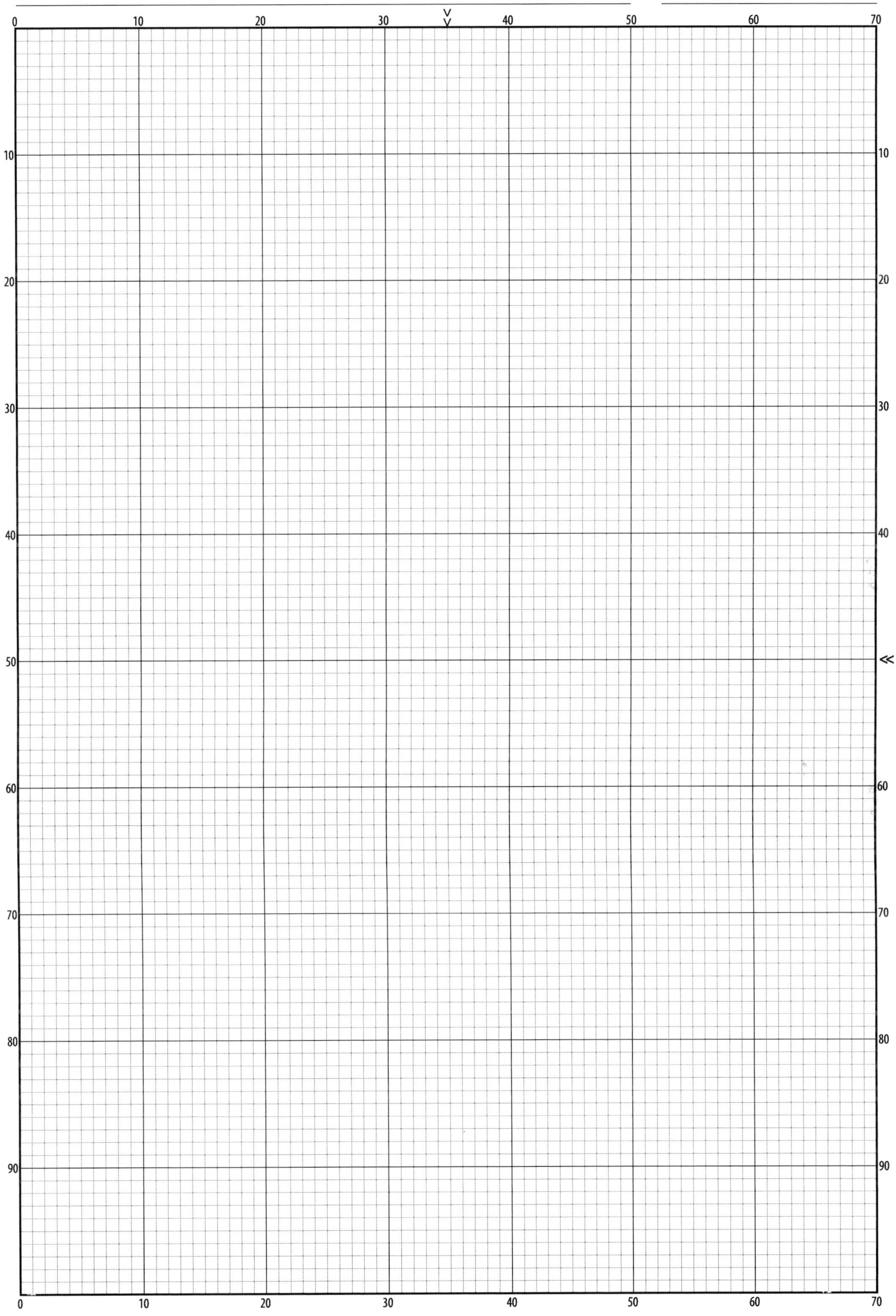

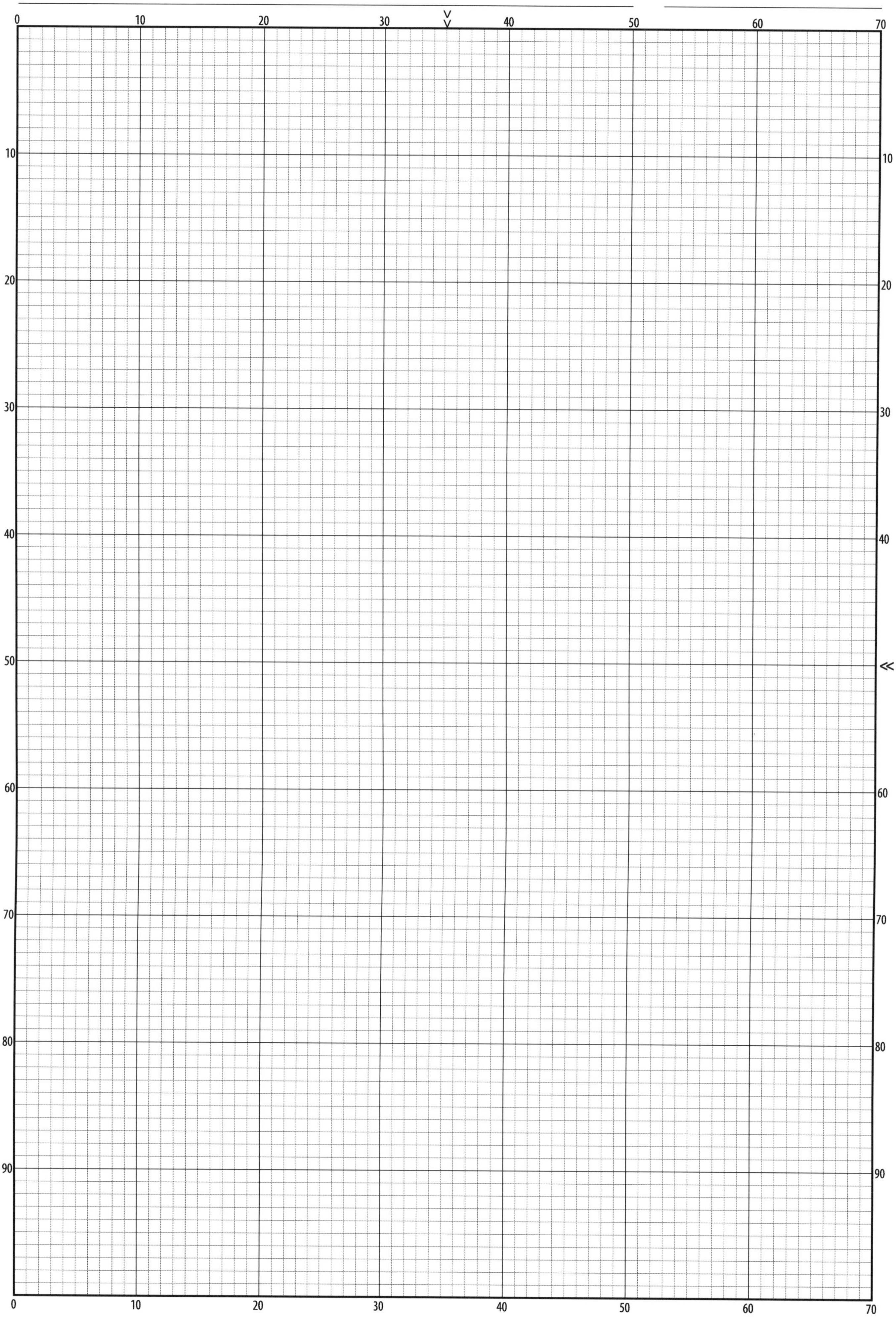

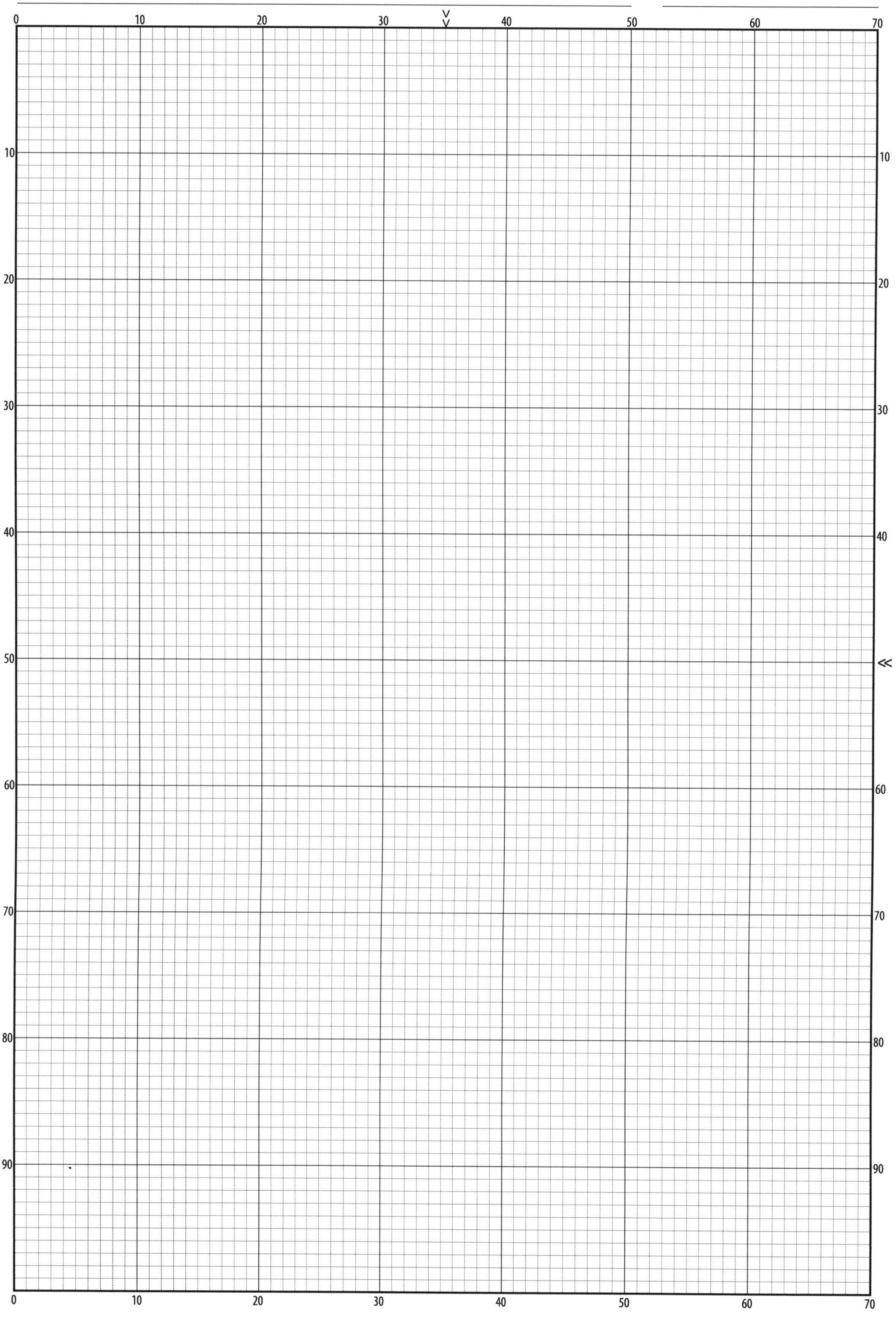
0 10 20 30 40 50 60 70
10 20 30 40 50 60 70 80 90

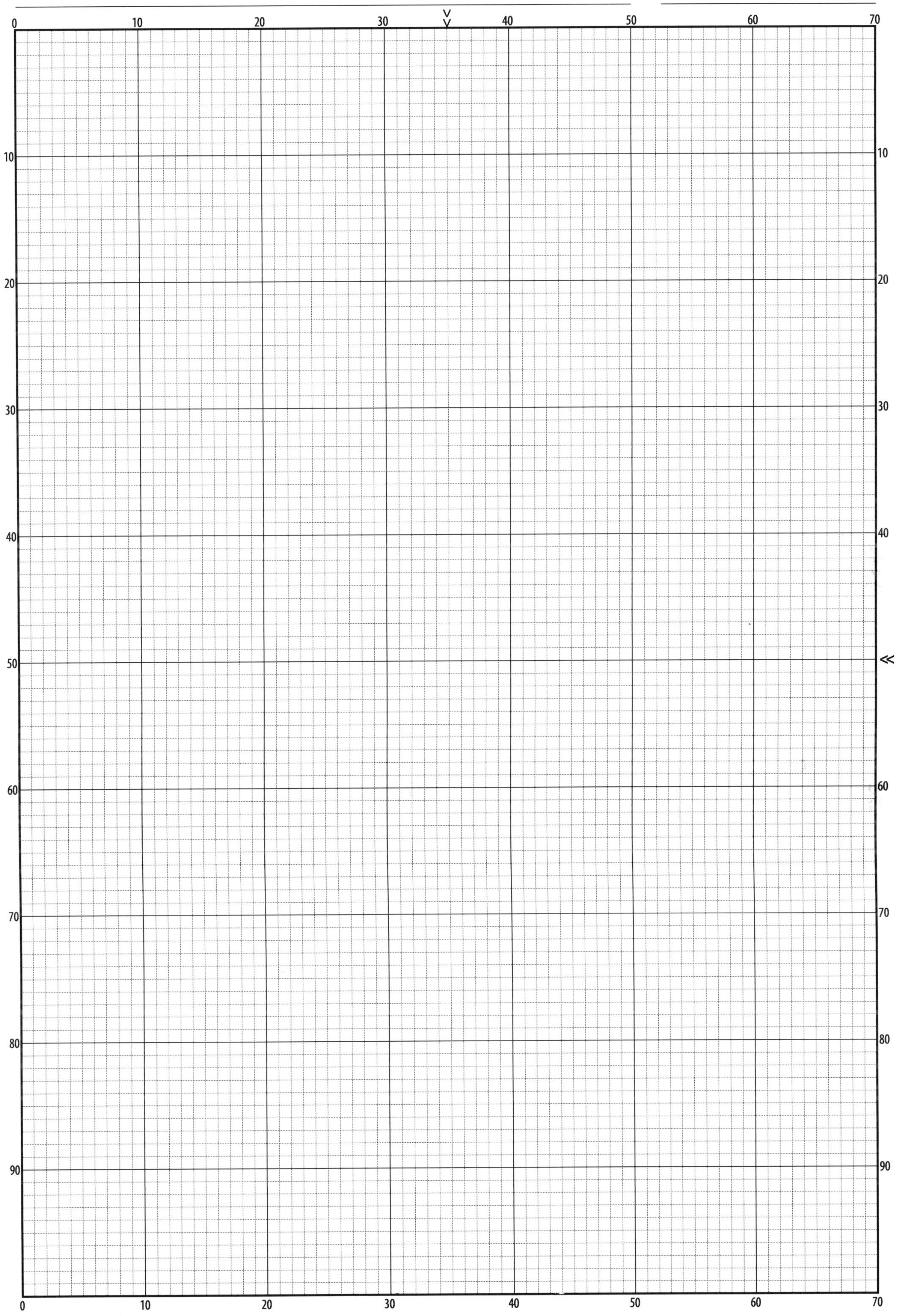

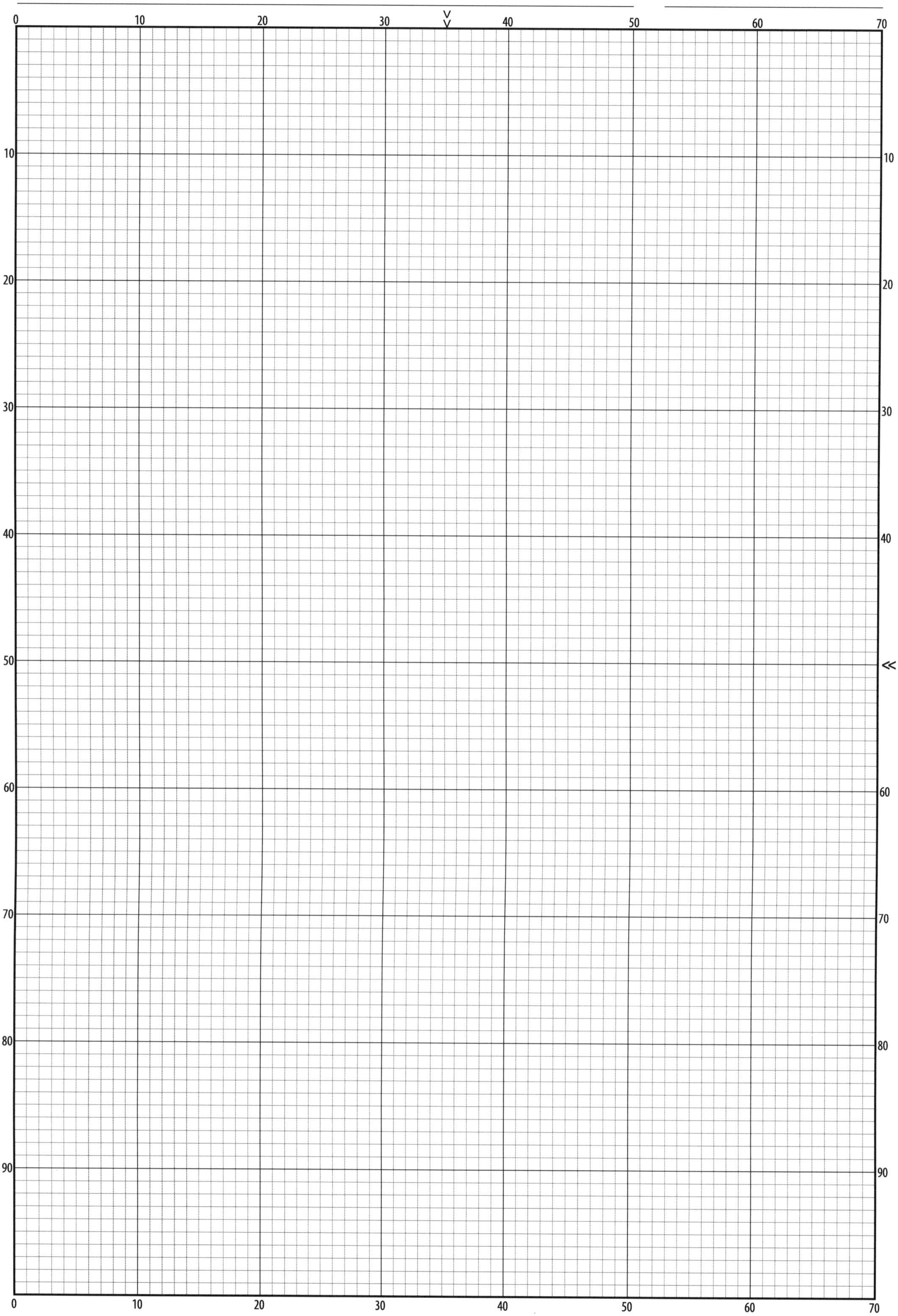

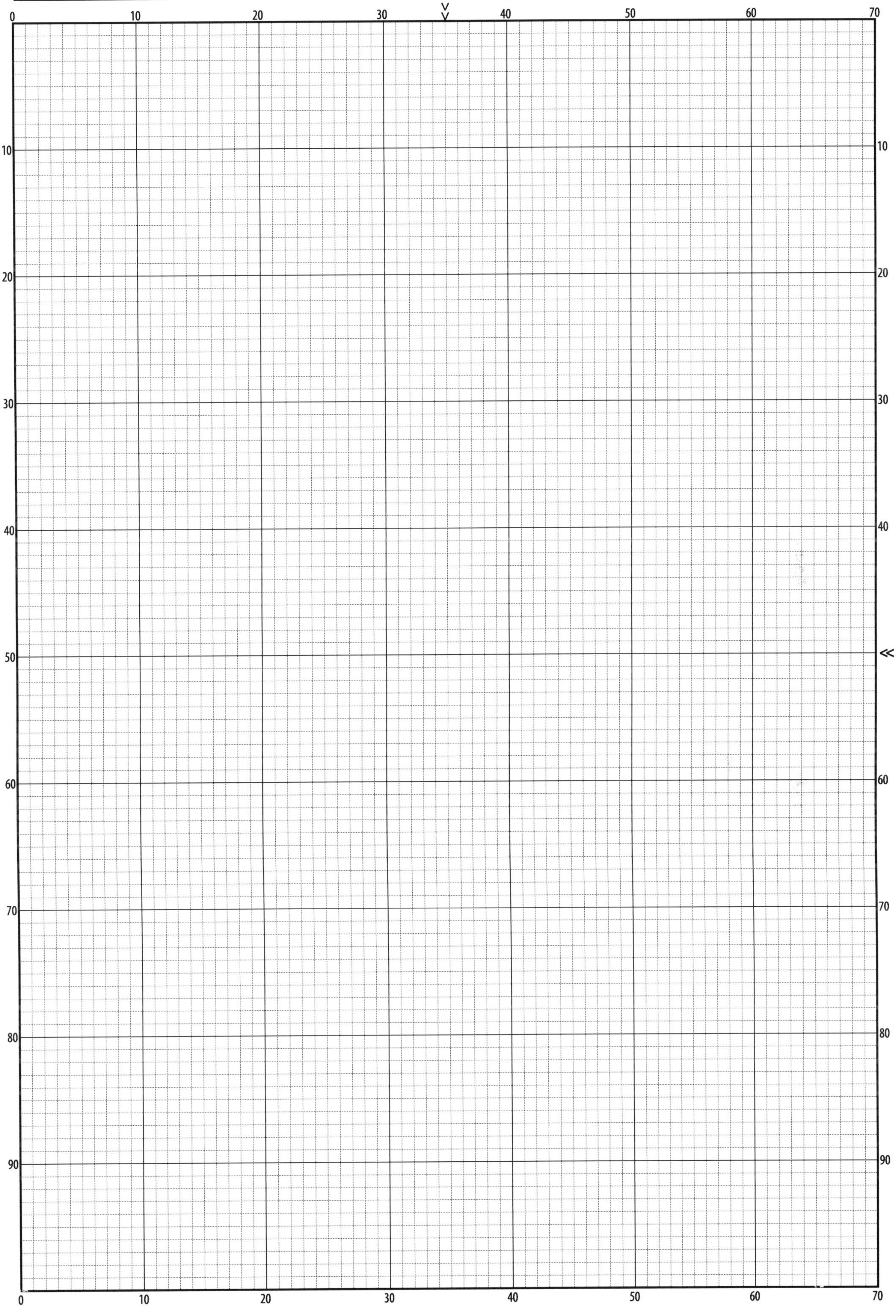
0 10 20 30 40 50 60 70
10 20 30 40 50 60 70 80 90

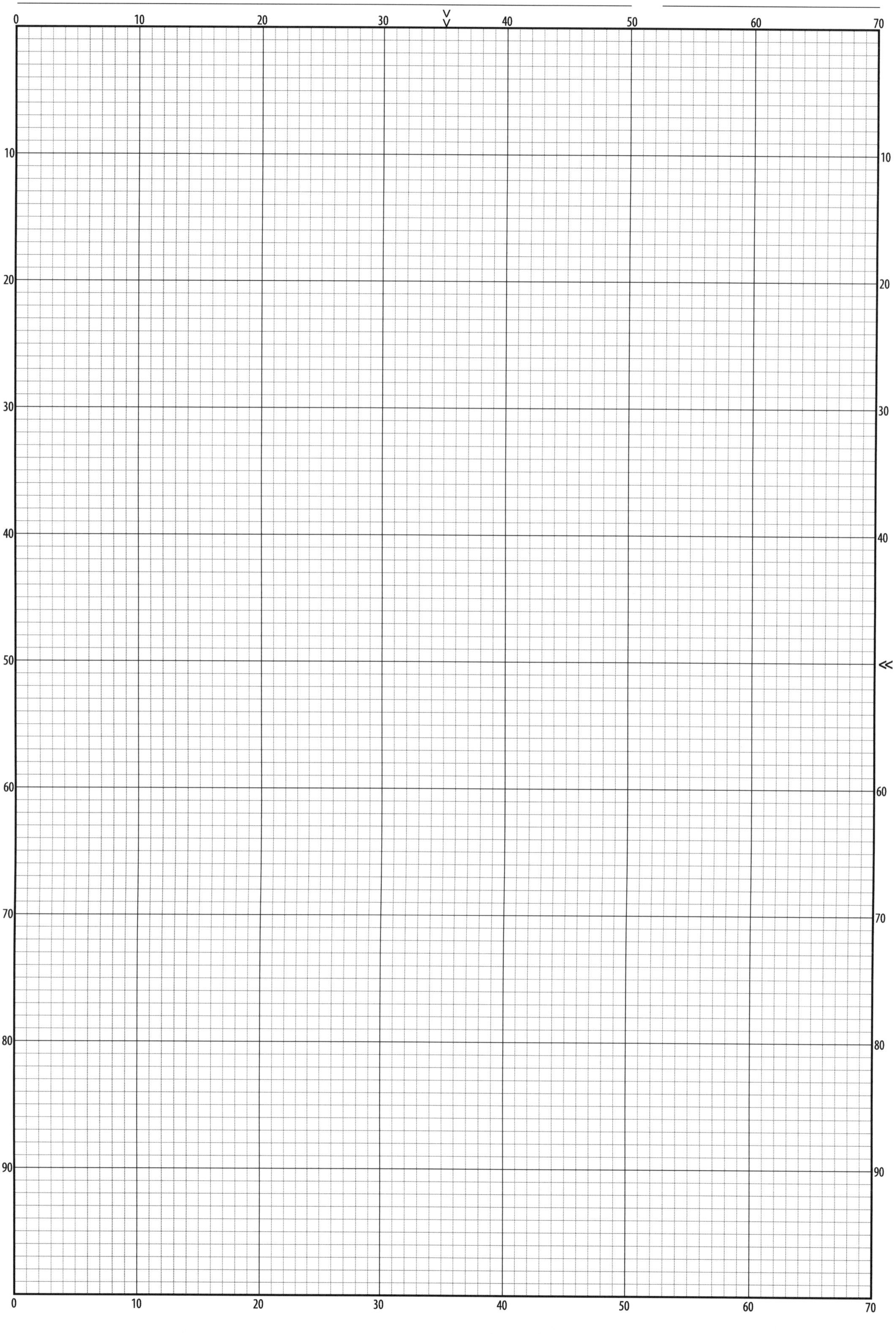

0 10 20 30 40 50 60 70
10 20 30 40 50 60 70 80 90

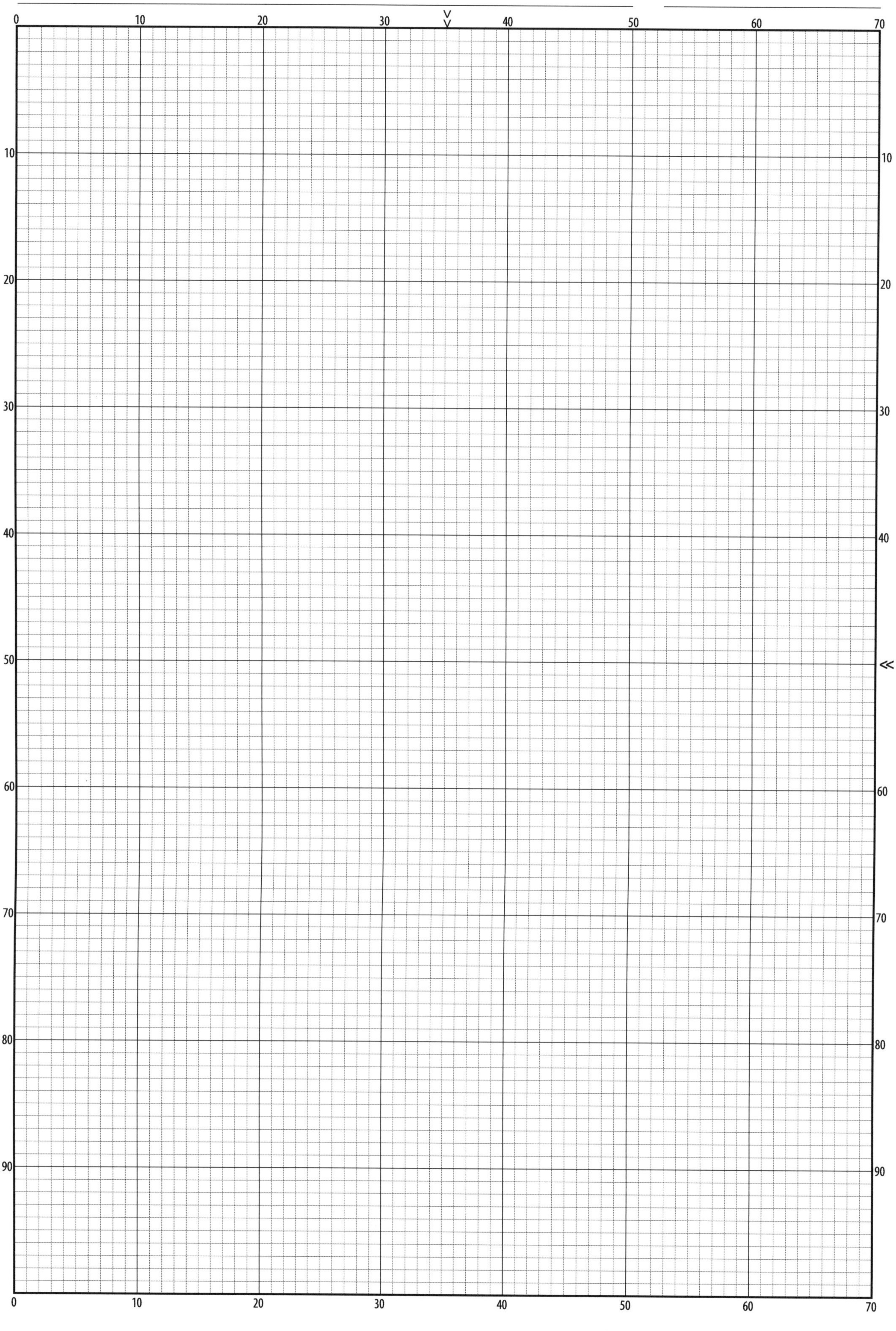
0
10
20
30
40
50
60
70
10
20
30
40
50
60
70
80
90

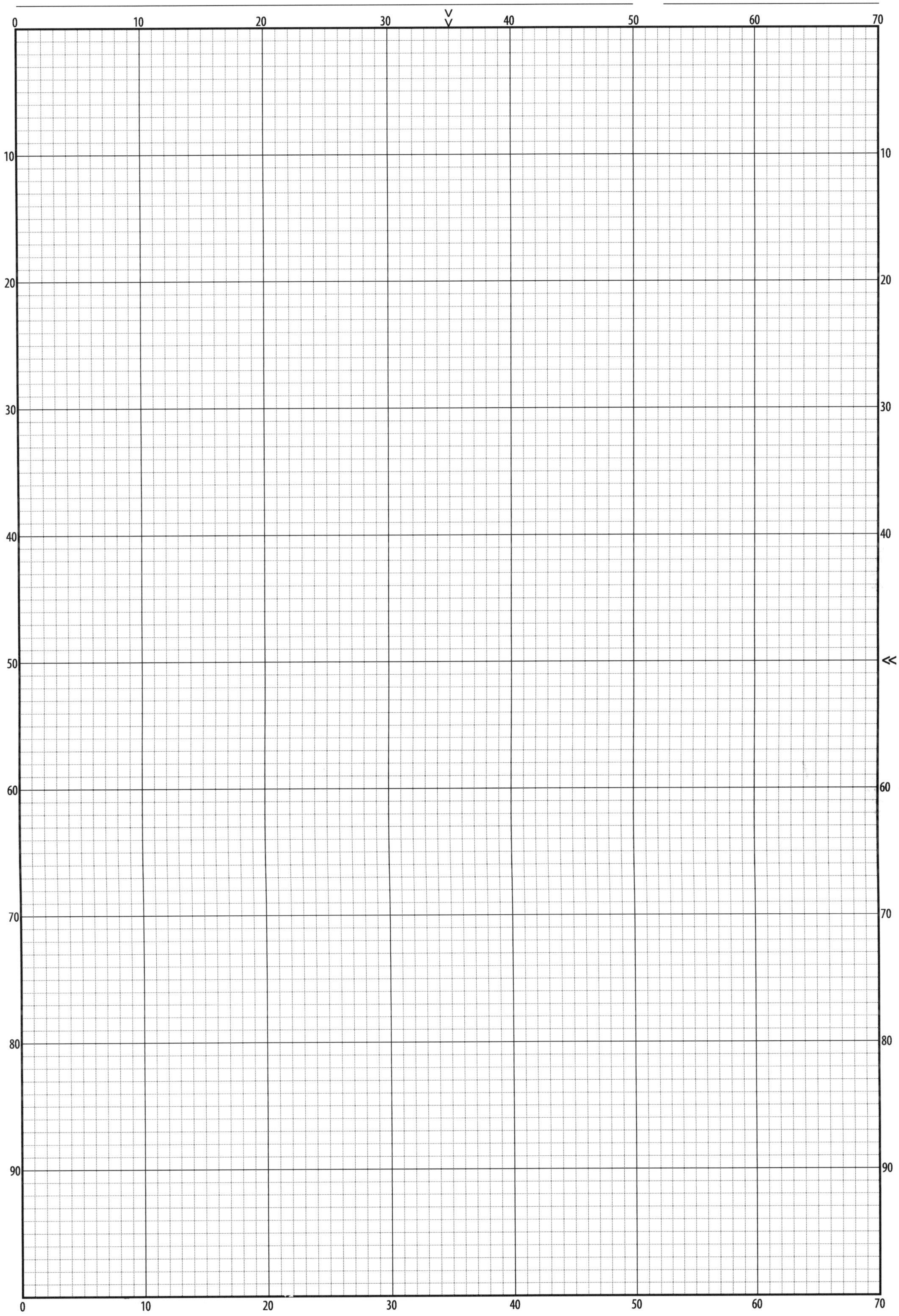
0
10
20
30
40
50
60
70
80
90

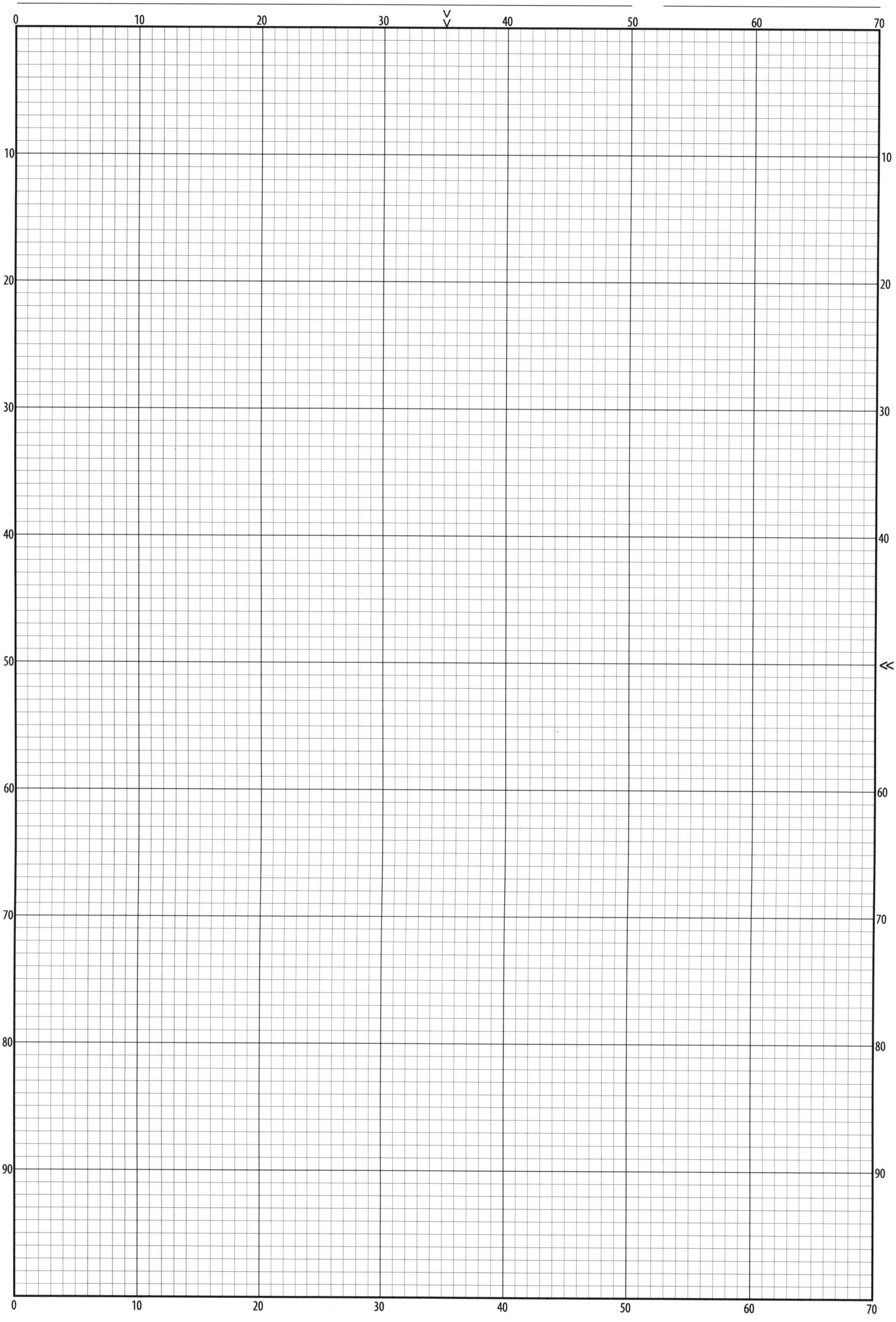

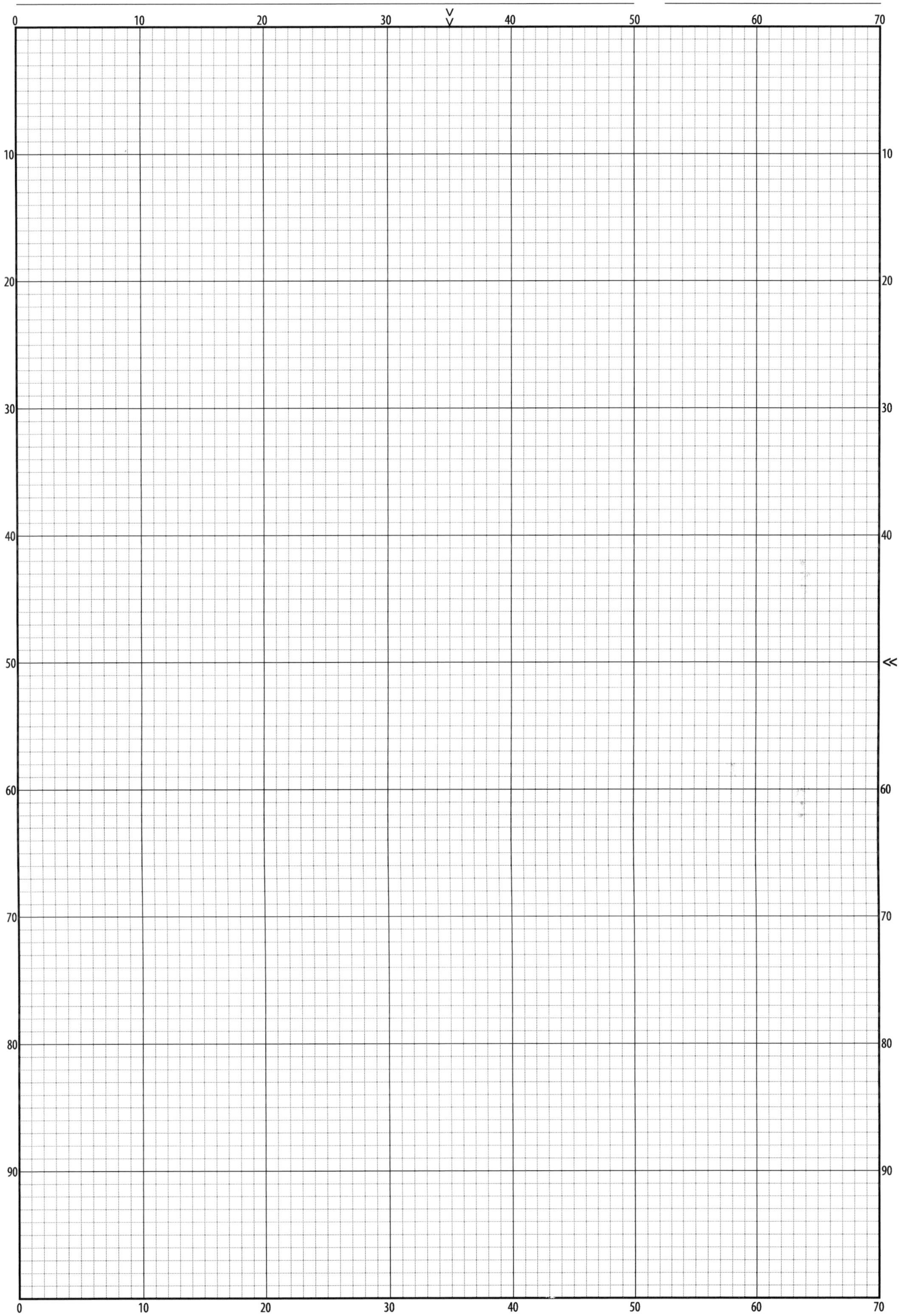

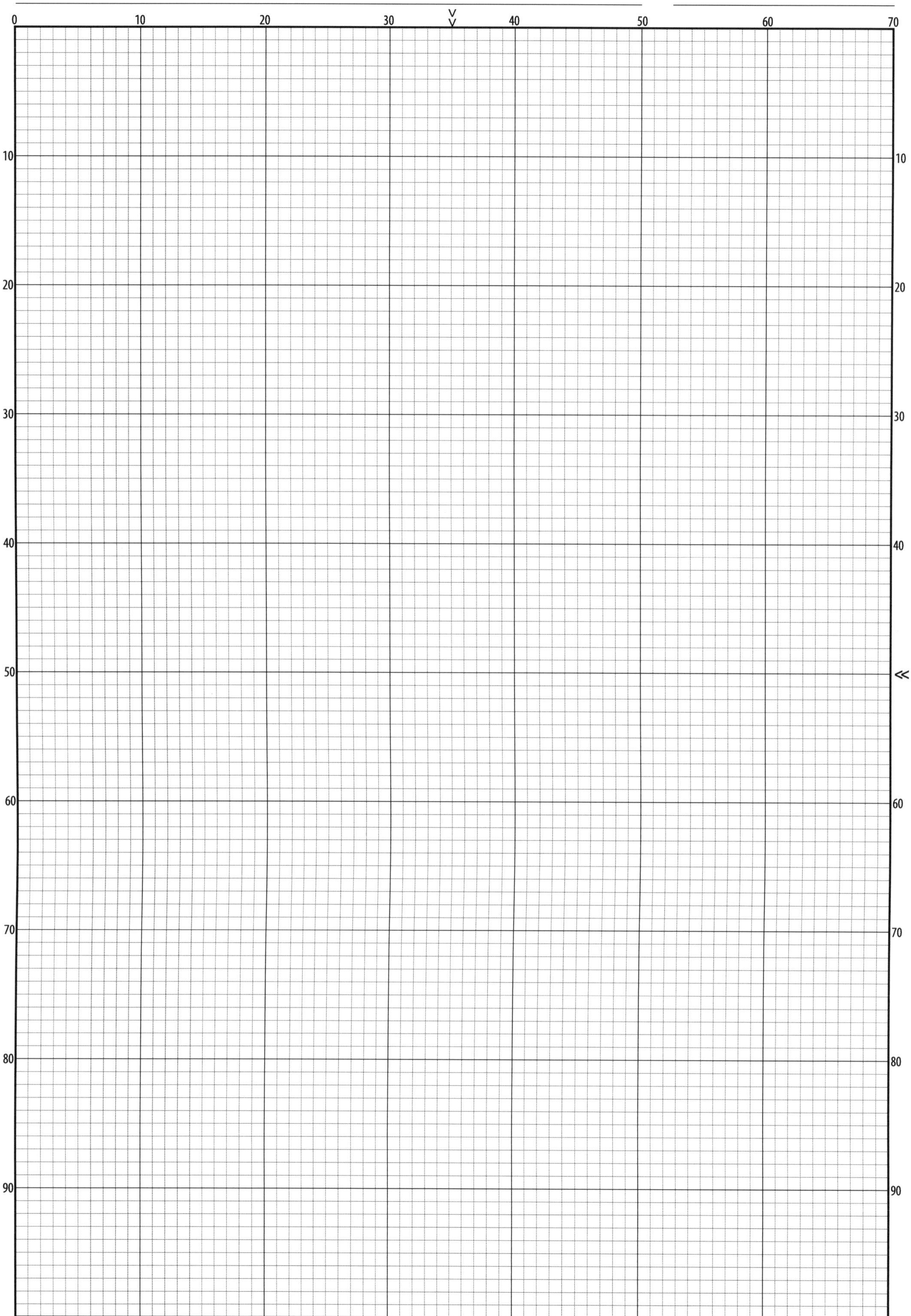

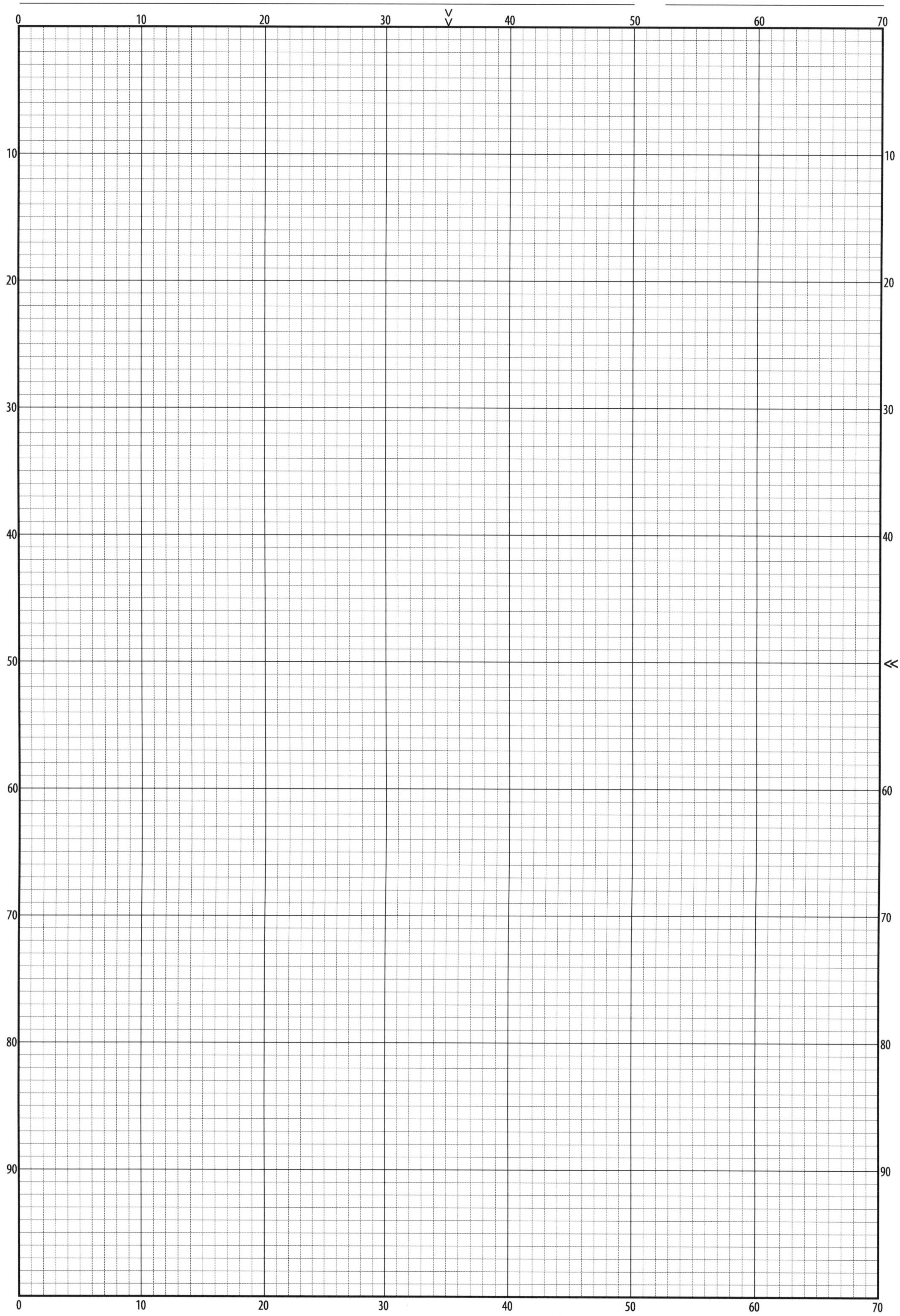

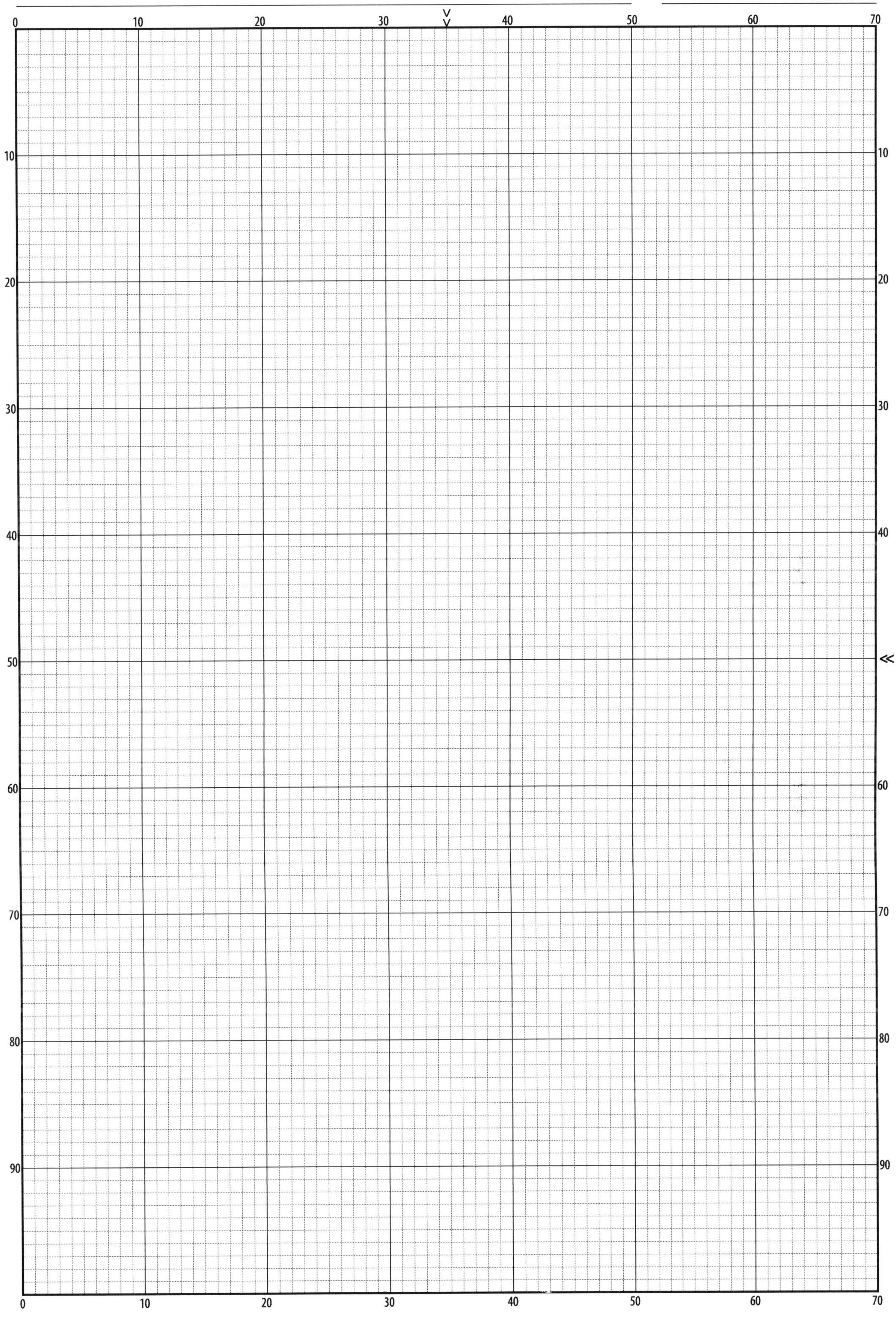
0 10 20 30 40 50 60 70
10 20 30 40 50 60 70 80 90

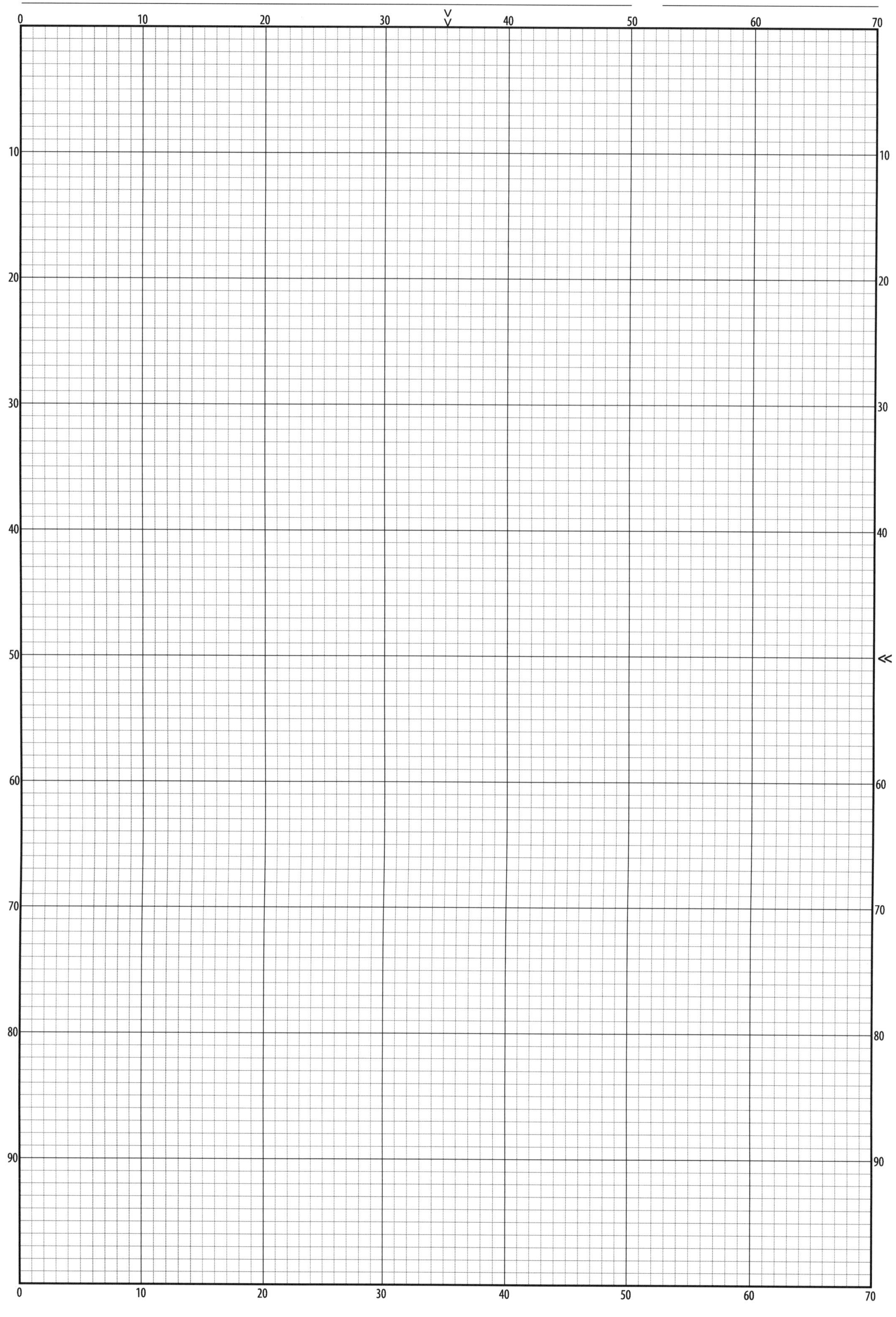
0 10 20 30 40 50 60 70
10 20 30 40 50 60 70 80 90

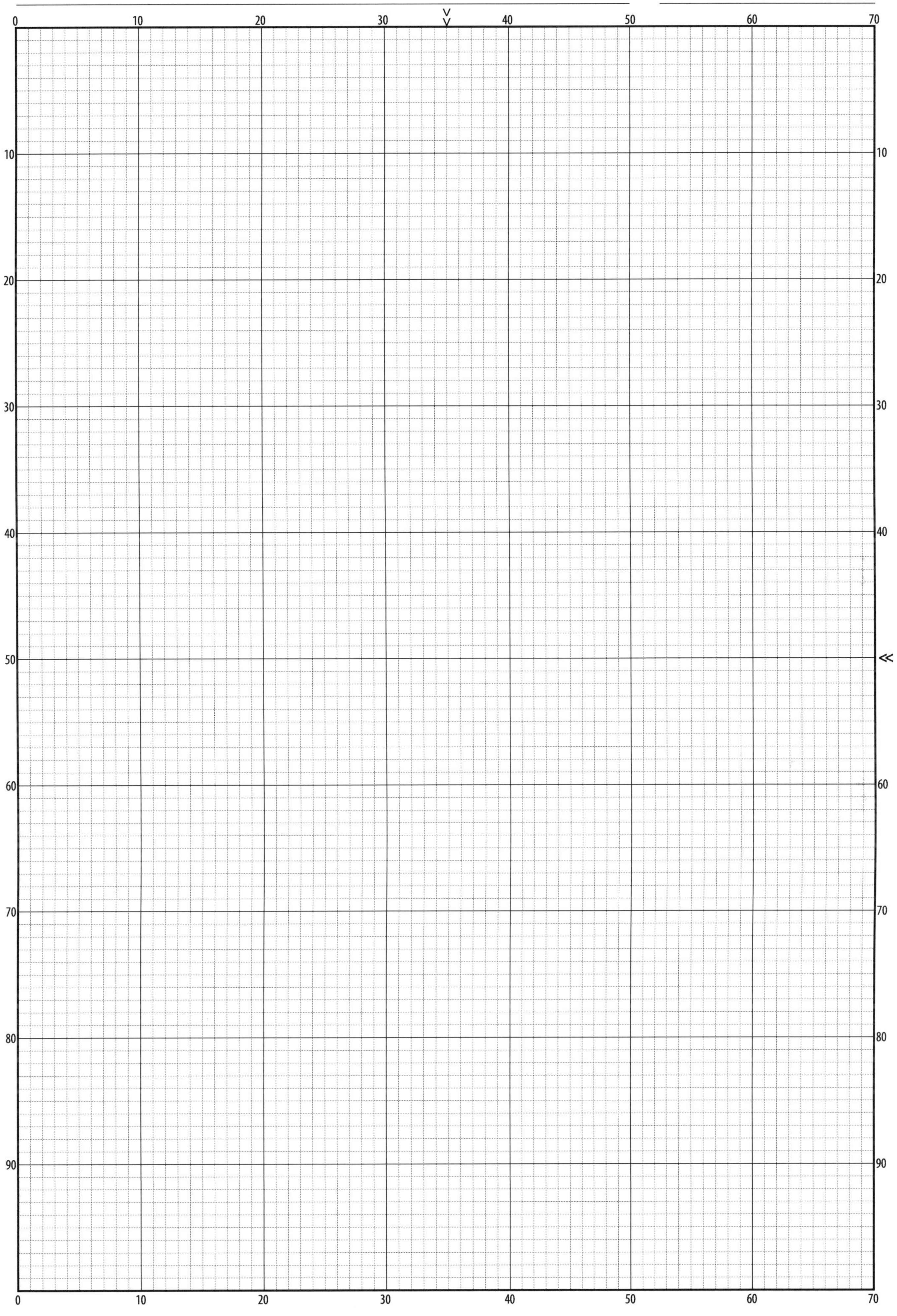

0 10 20 30 40 50 60 70
10 20 30 40 50 60 70 80 90

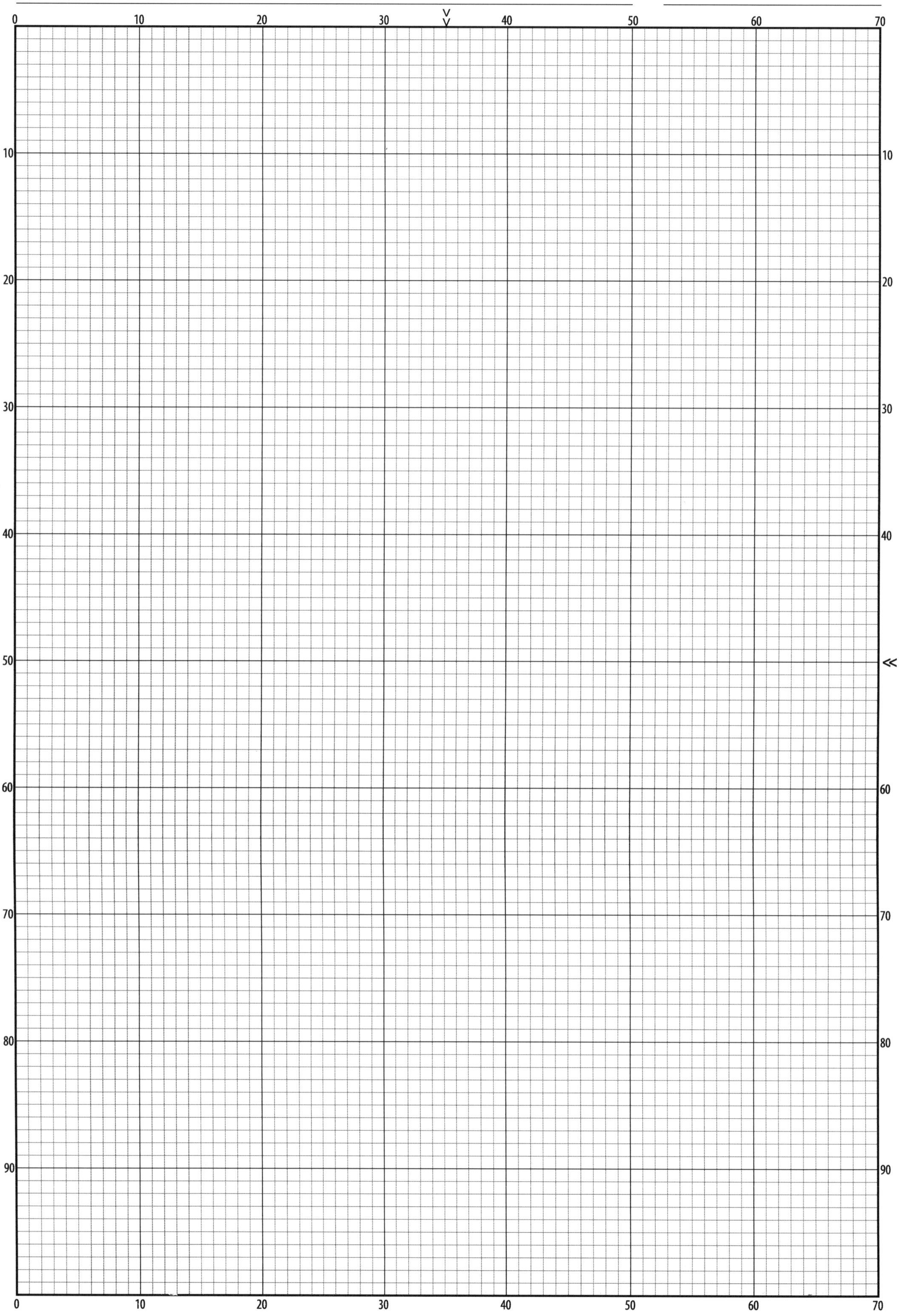
0
10
20
30
40
50
60
70
80
90

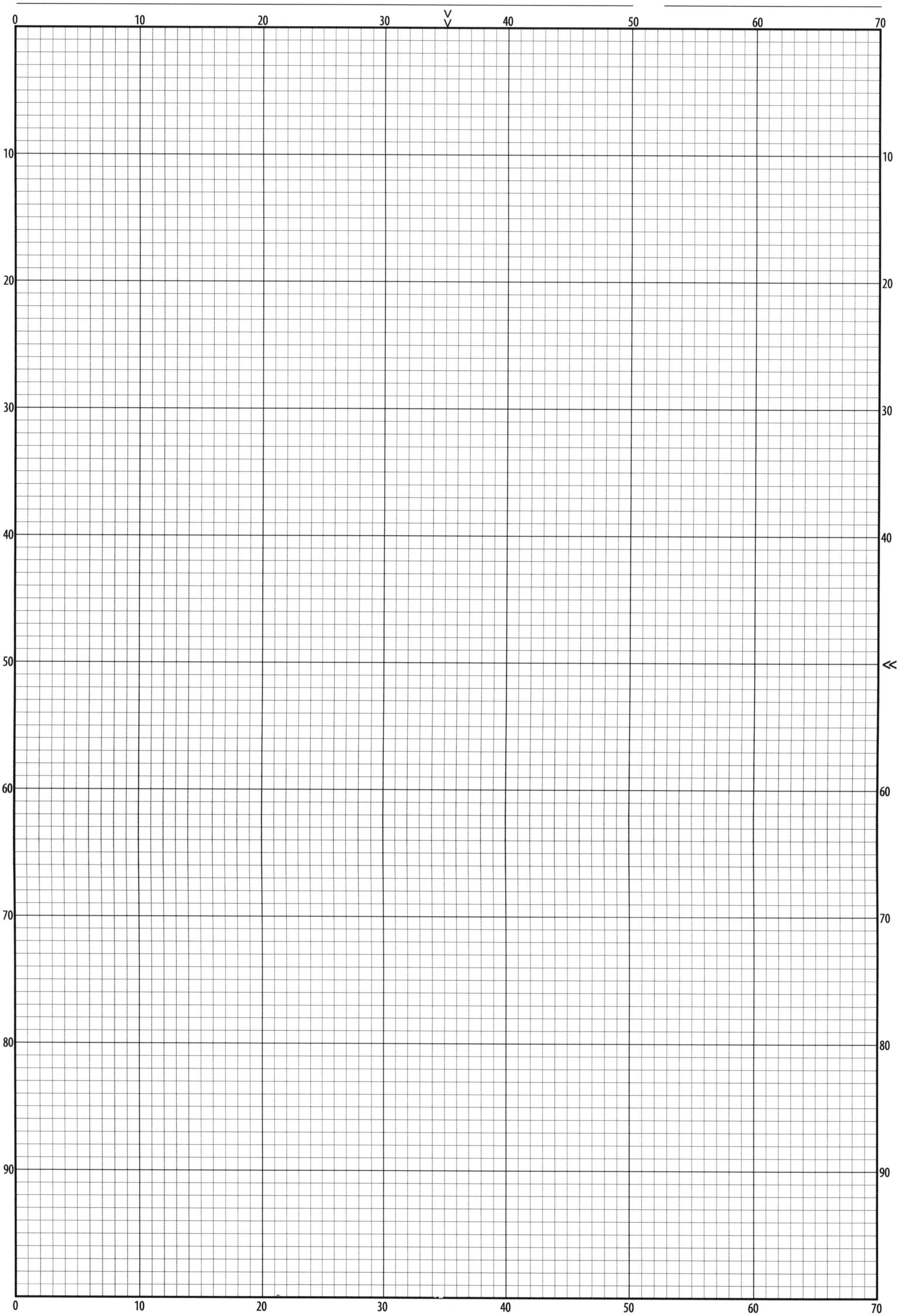
0 10 20 30 40 50 60 70
10 20 30 40 50 60 70 80 90

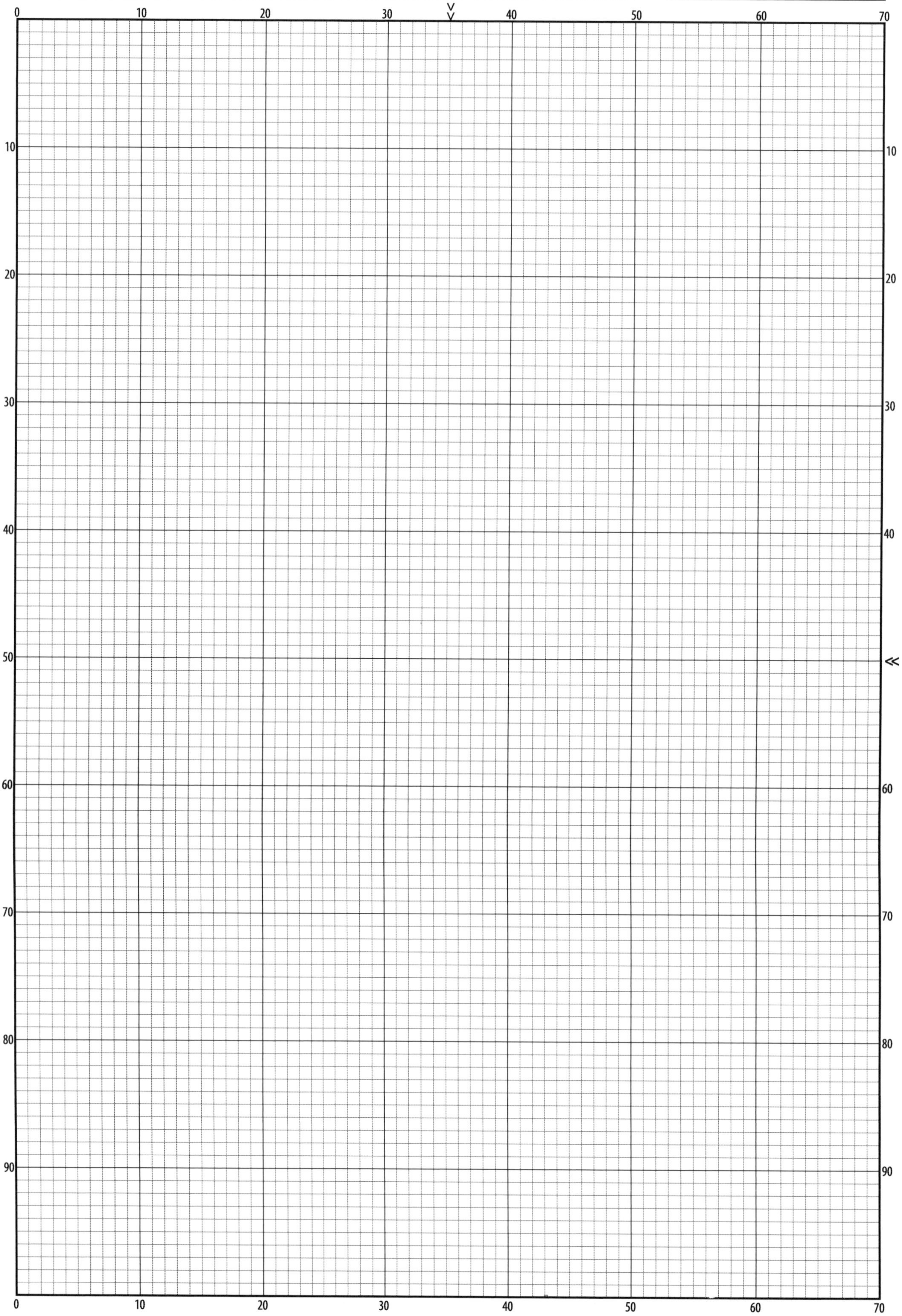
0 10 20 30 40 50 60 70
10 20 30 40 50 60 70 80 90

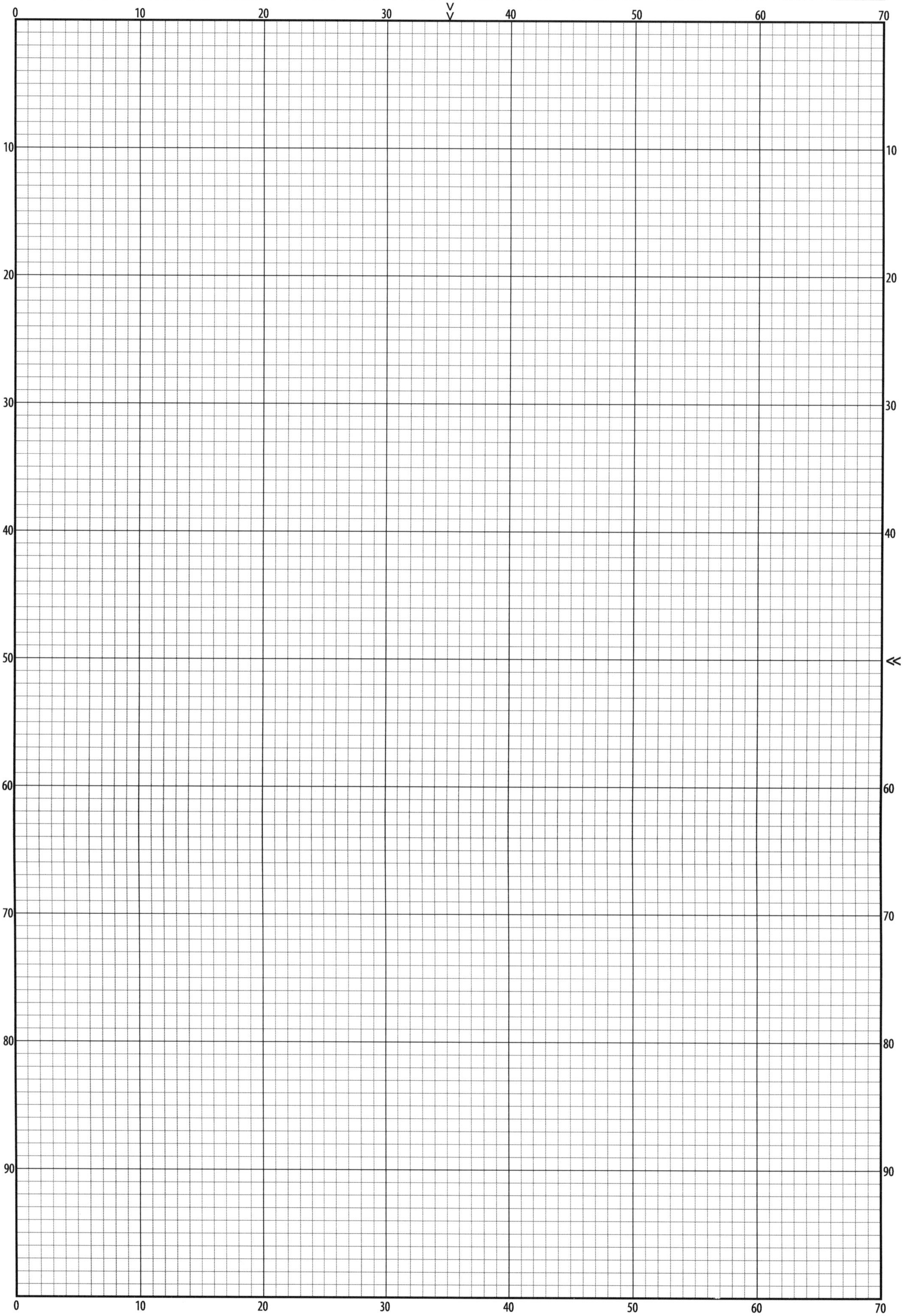
0 10 20 30 40 50 60 70
10 20 30 40 50 60 70 80 90
0 10 20 30 40 50 60 70

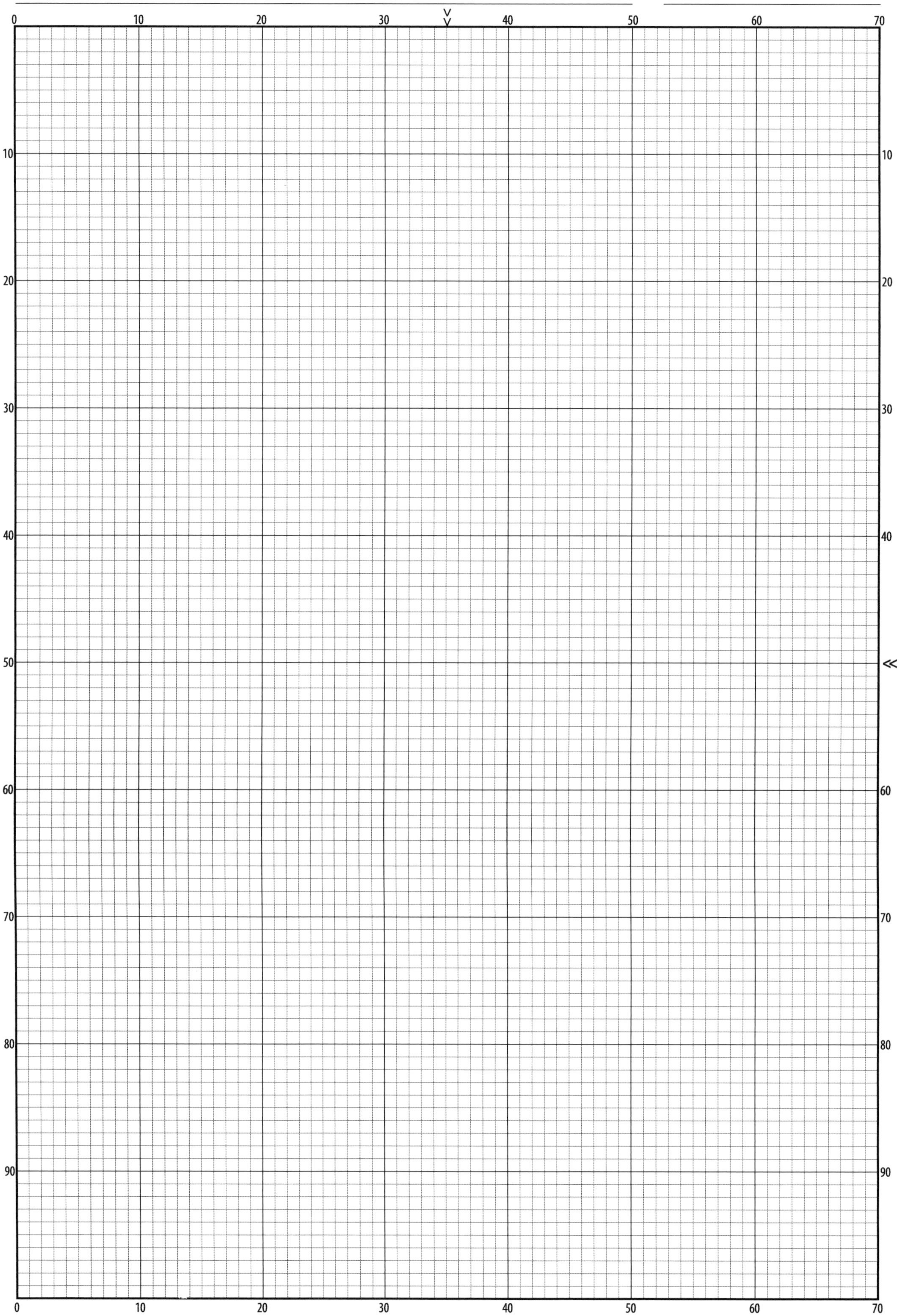

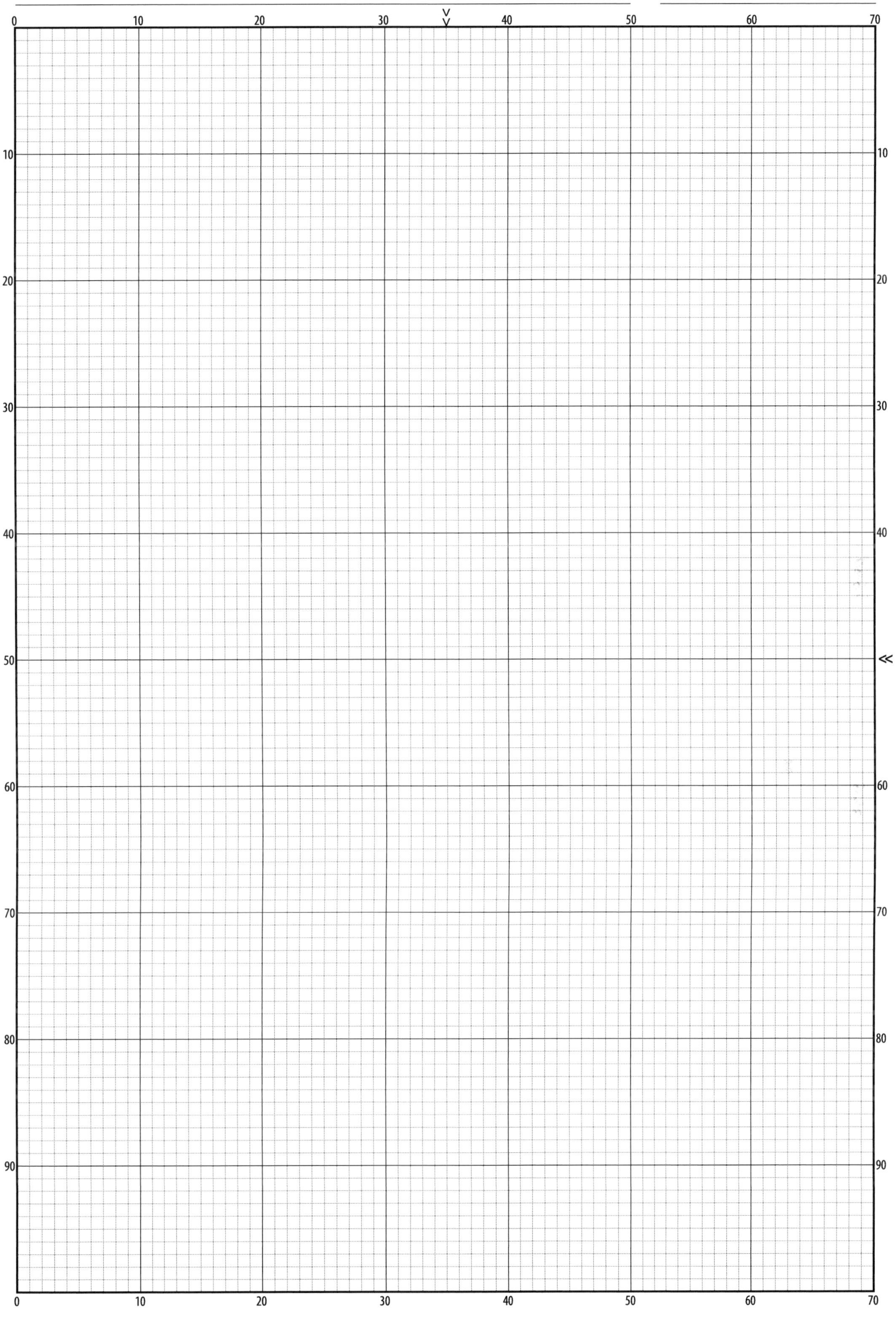

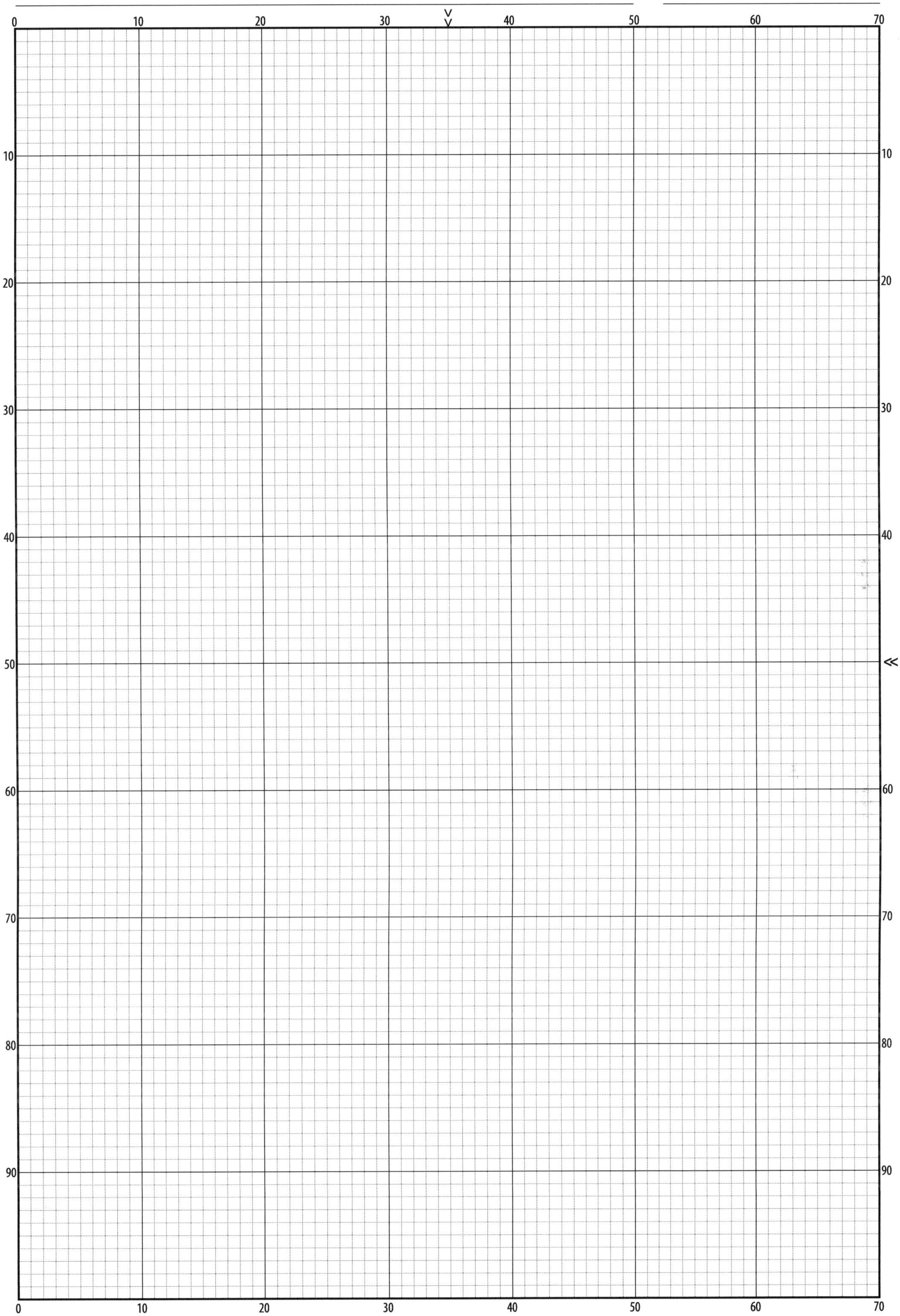

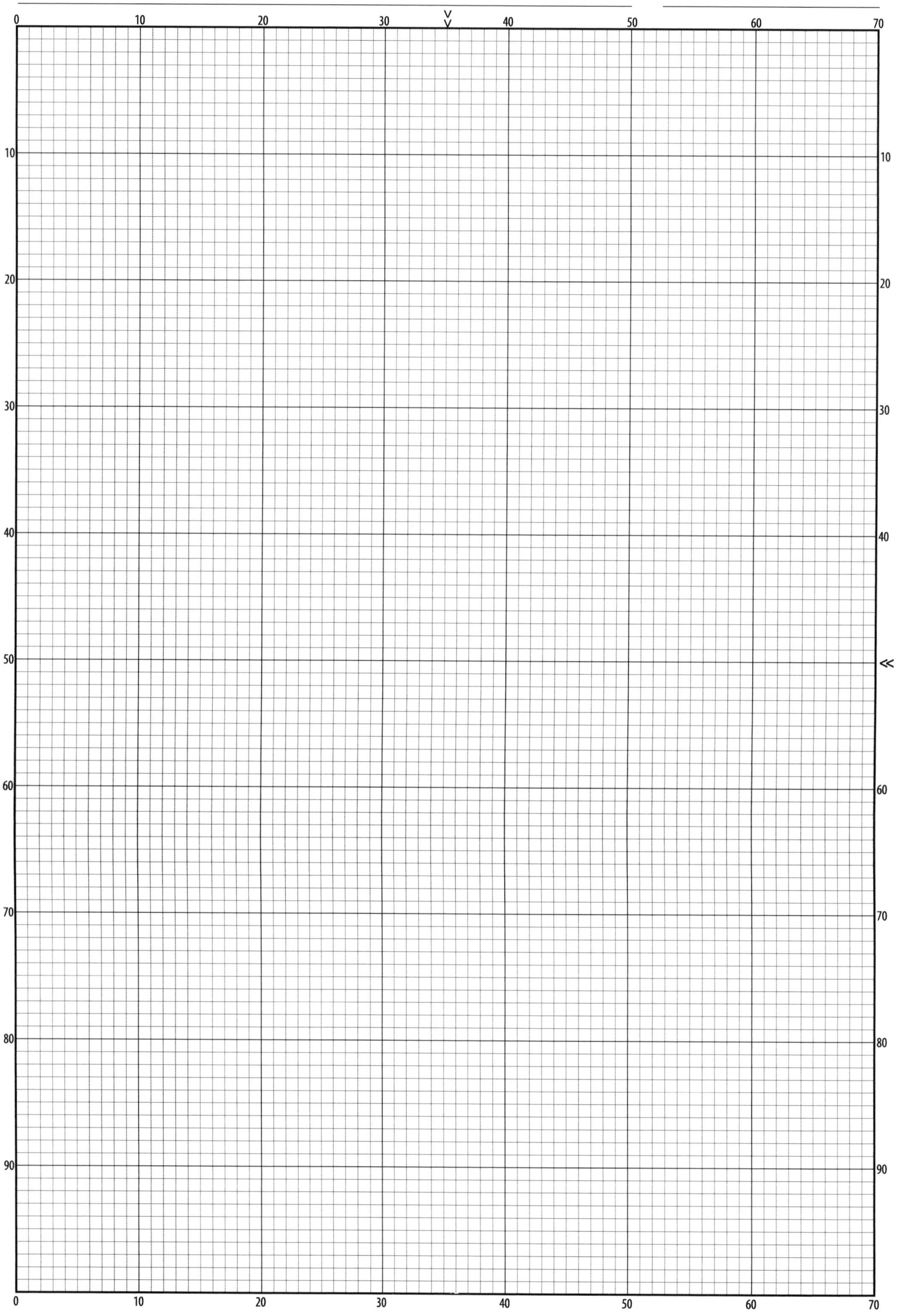
0
10
20
30
40
50
60
70
80
90

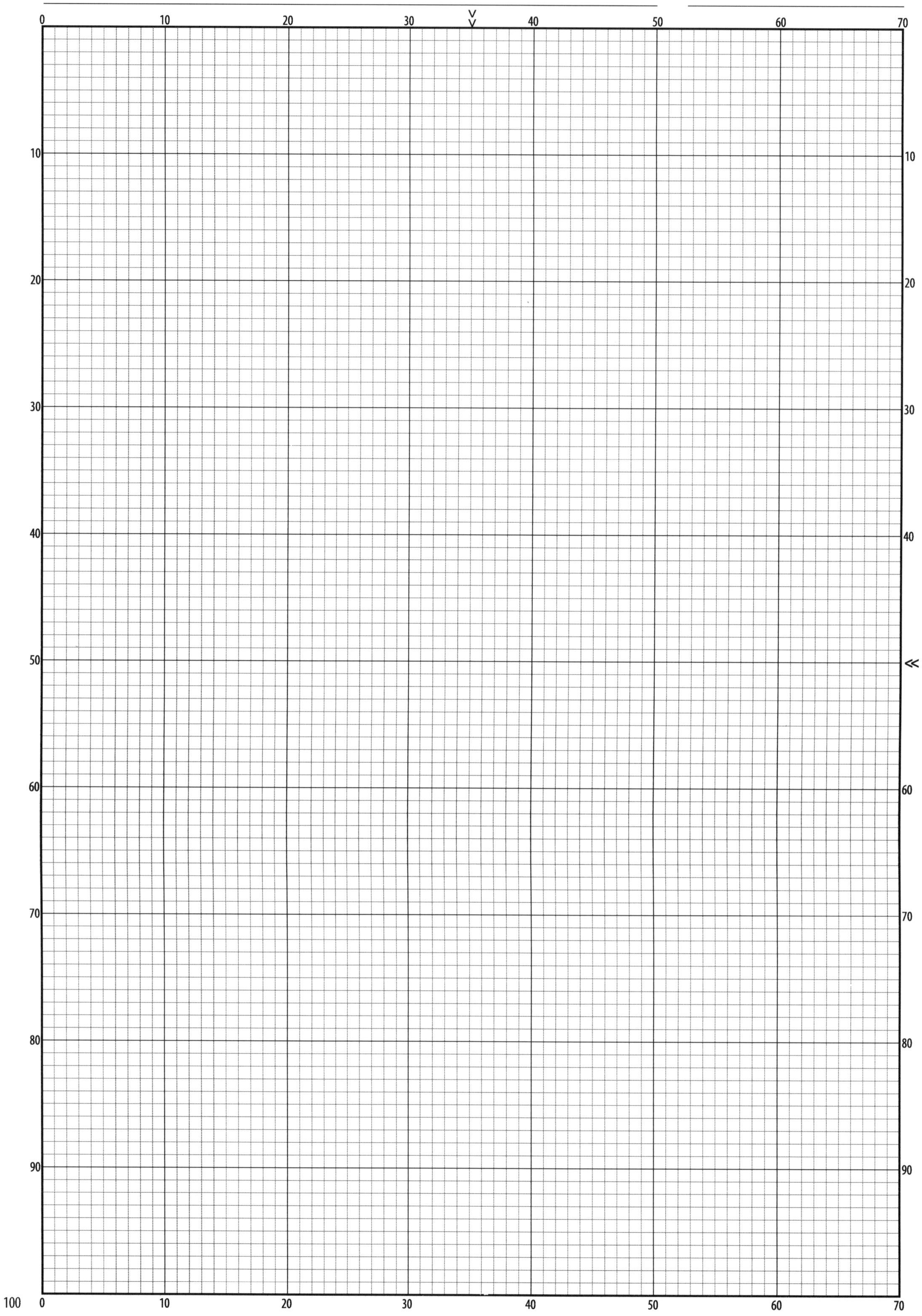
0 10 20 30 40 50 60 70
10 20 30 40 50 60 70 80 90 100
0 10 20 30 40 50 60 70

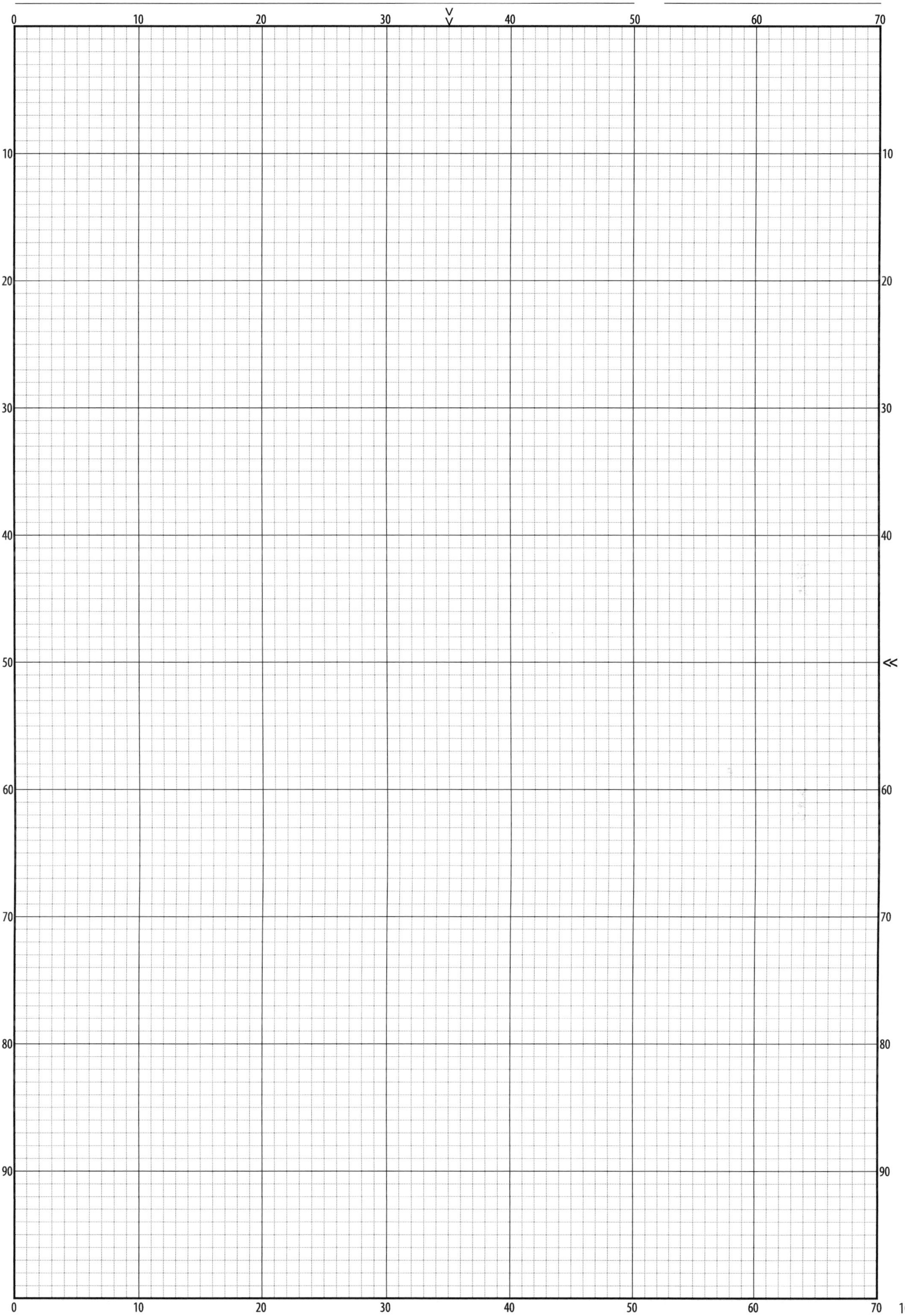
0 10 20 30 40 50 60 70
10 20 30 40 50 60 70 80 90

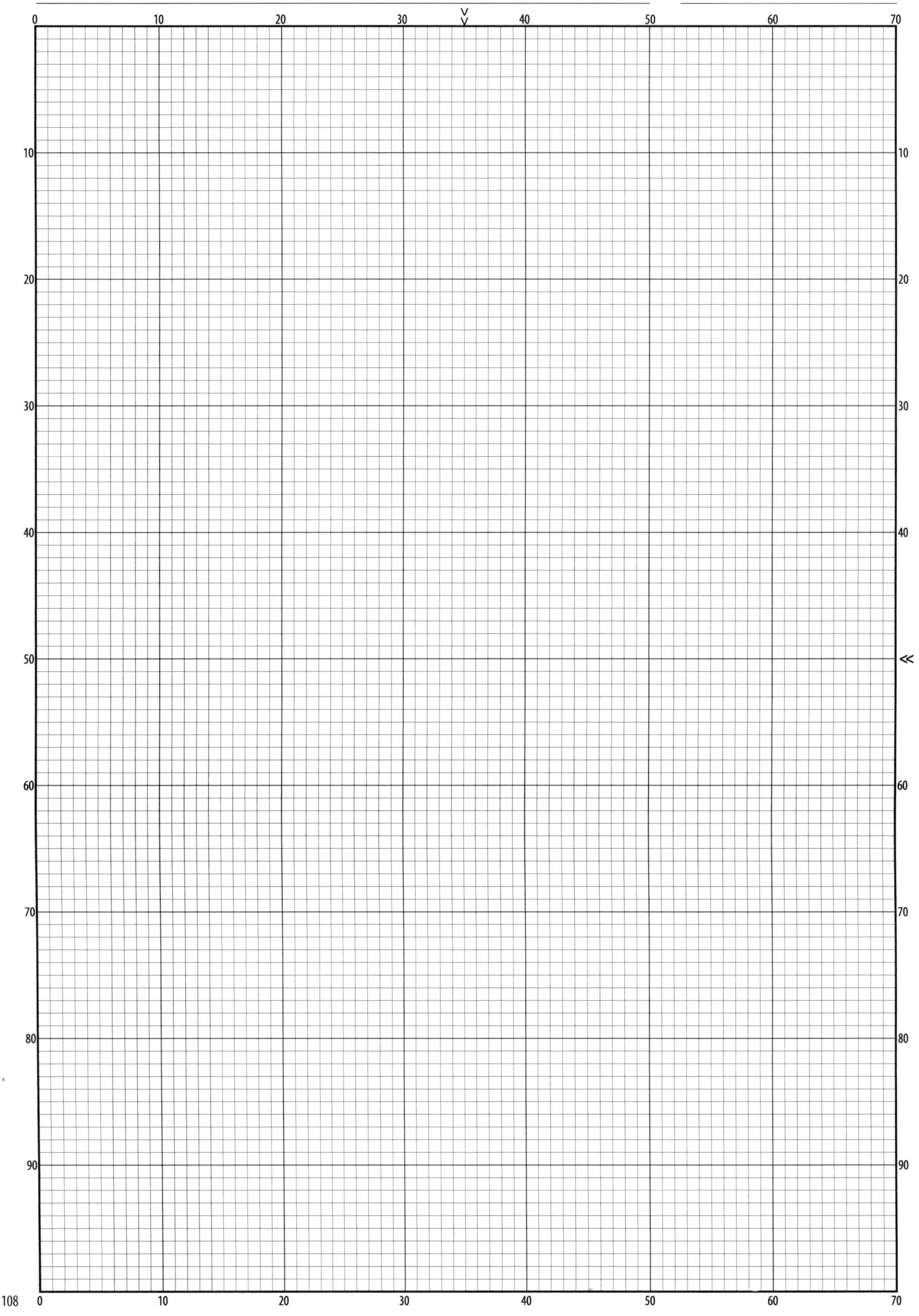
0 10 20 30 40 50 60 70
10 20 30 40 50 60 70 80 90
0 10 20 30 40 50 60 70

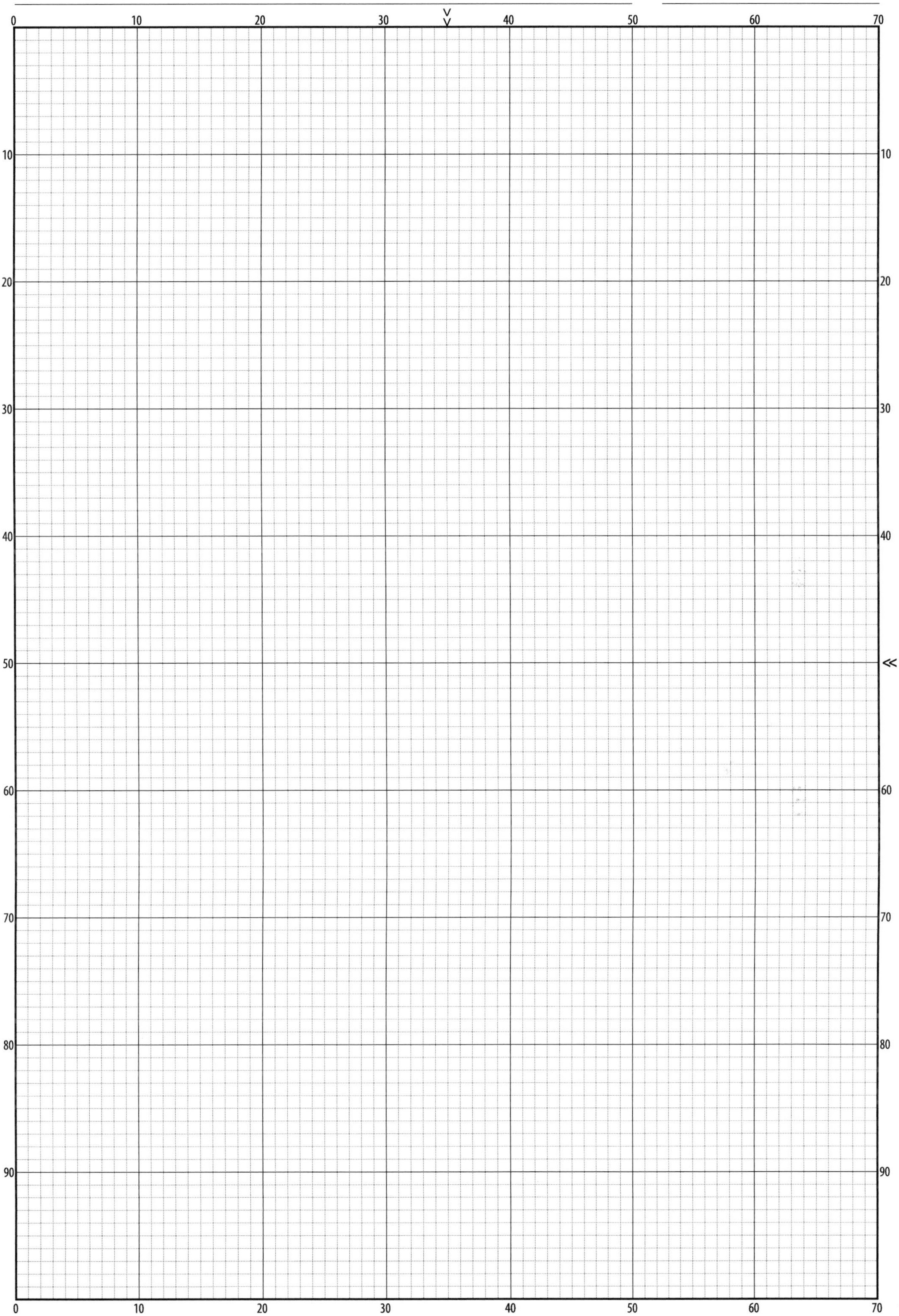

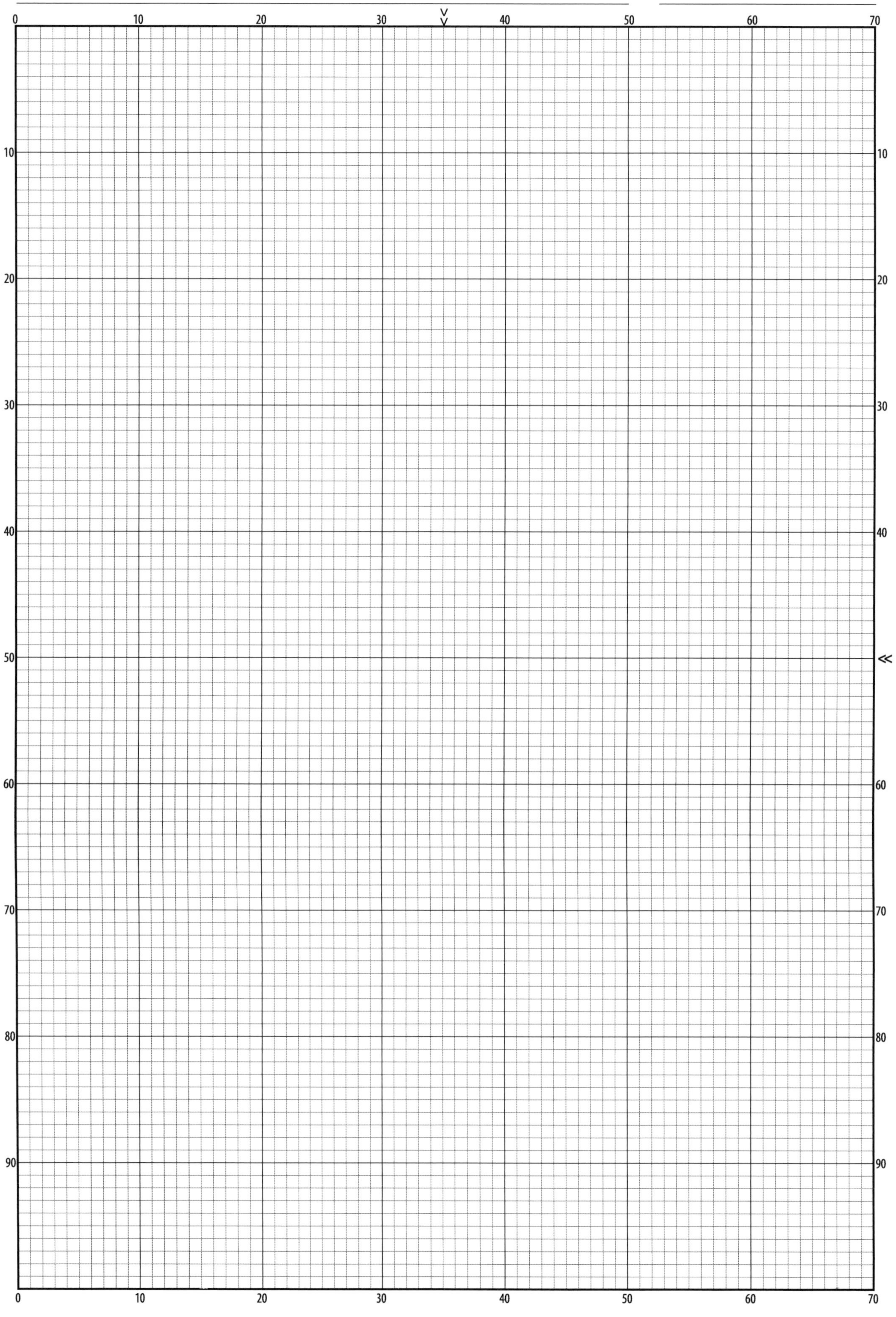

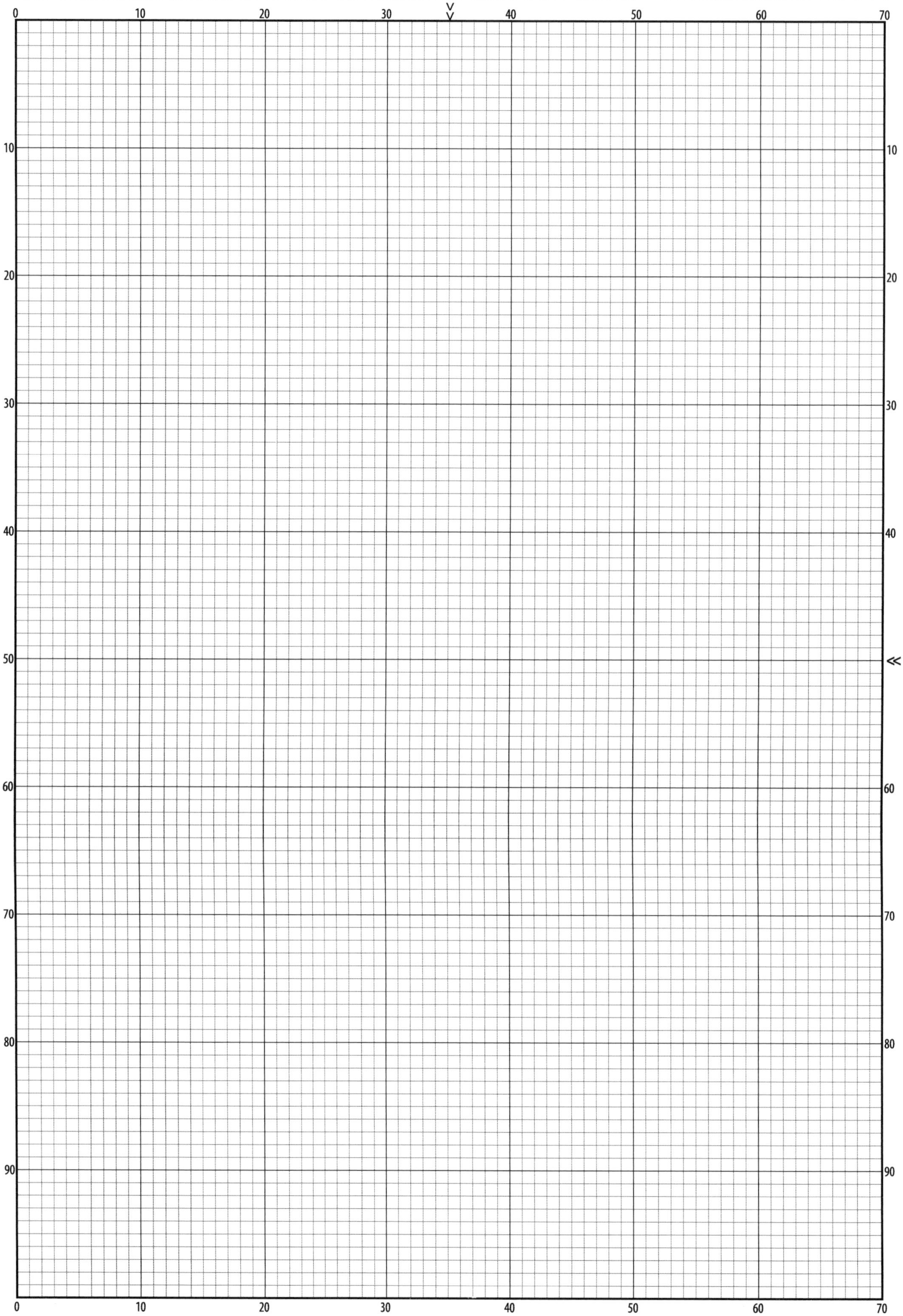

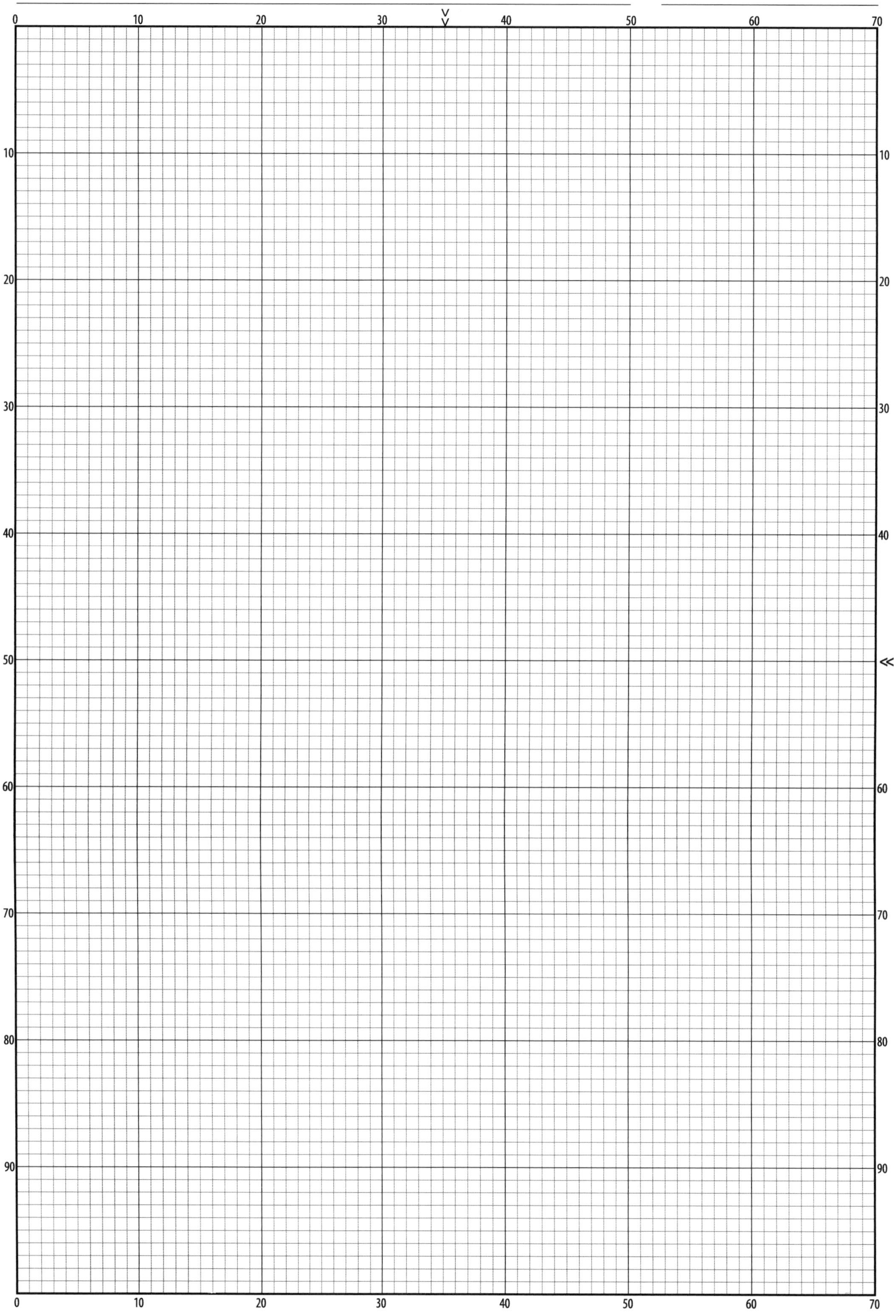

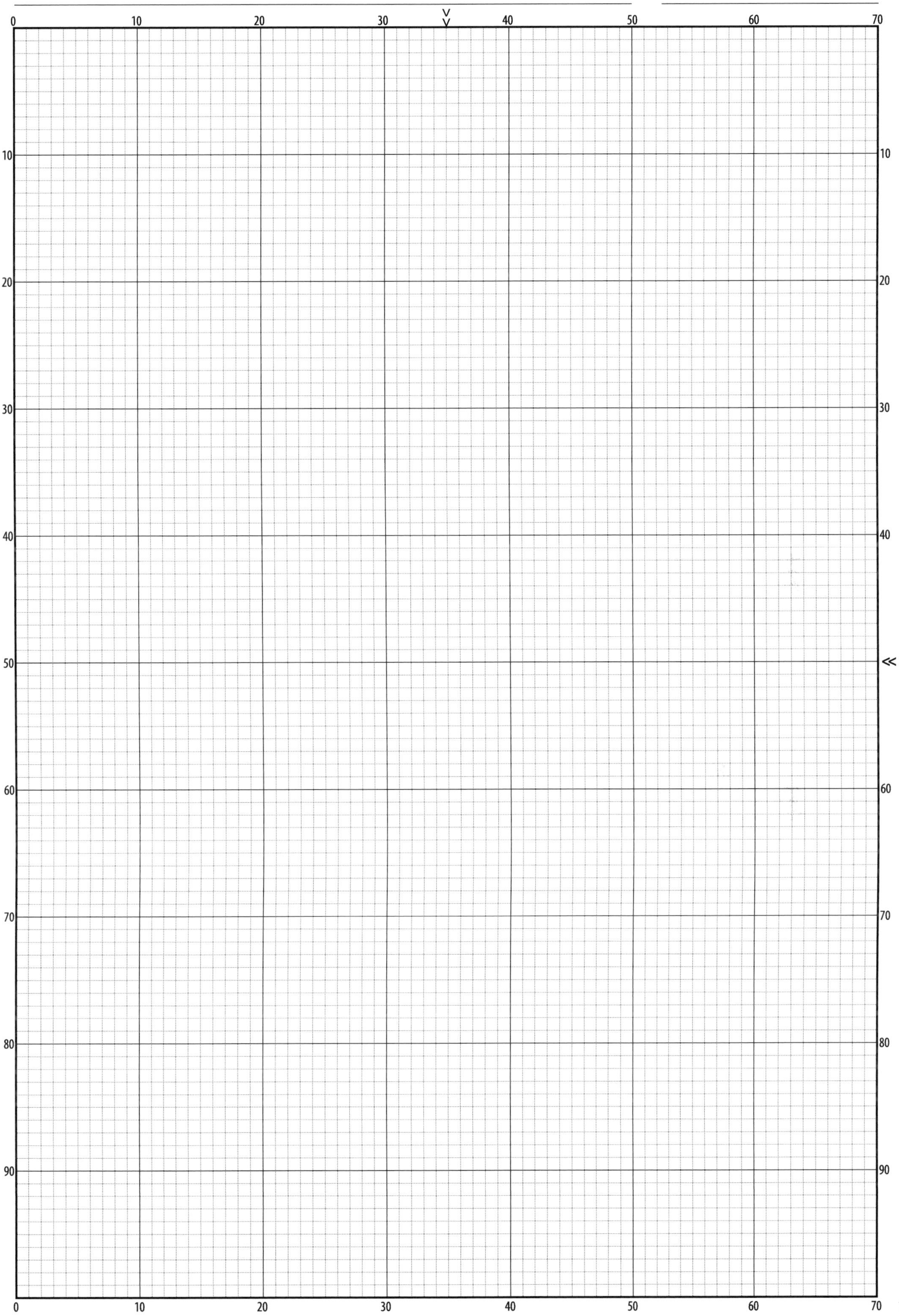
0
10
20
30
40
50
60
70
10
20
30
40
50
60
70
80
90

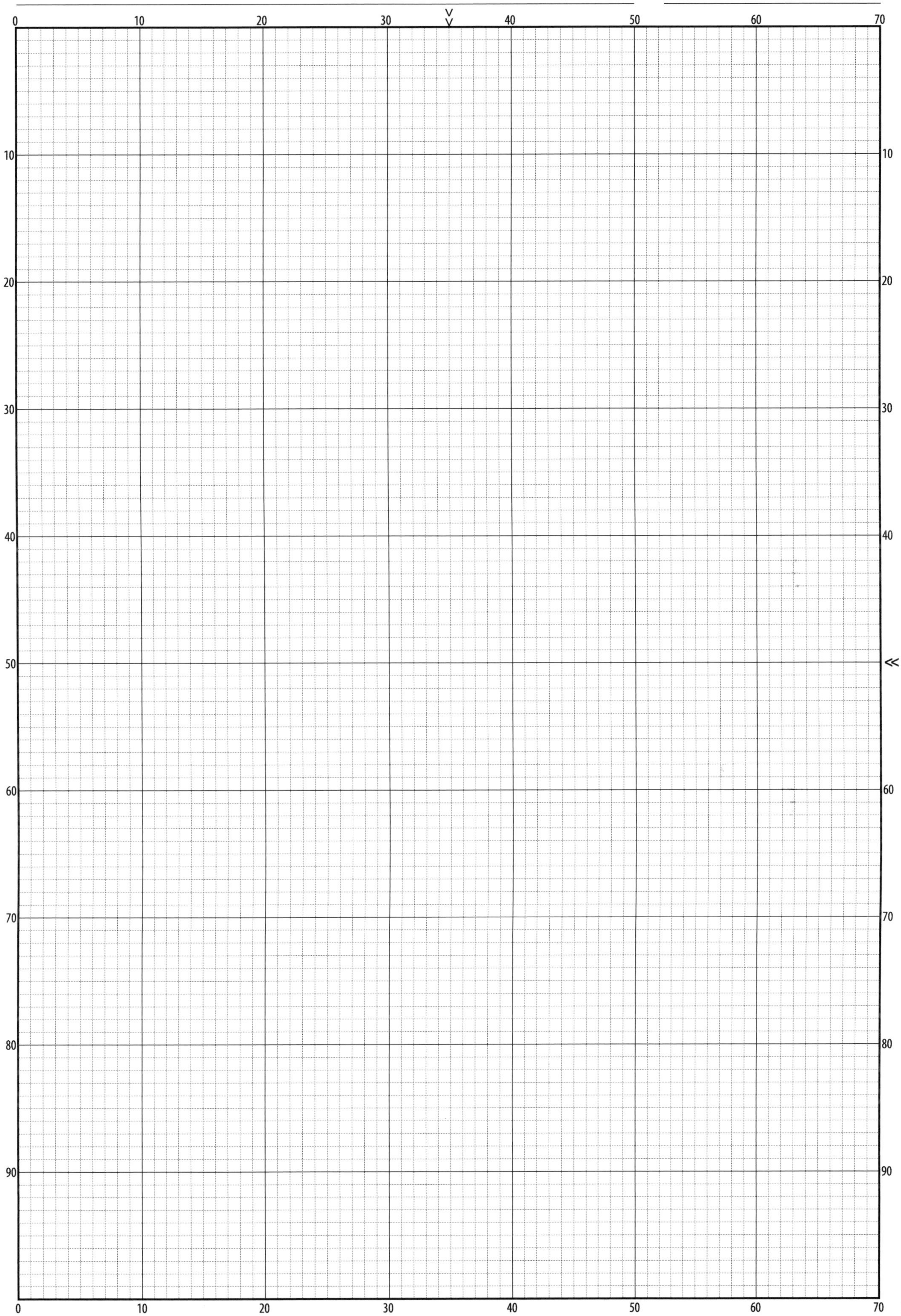
0 10 20 30 40 50 60 70
10 20 30 40 50 60 70 80 90

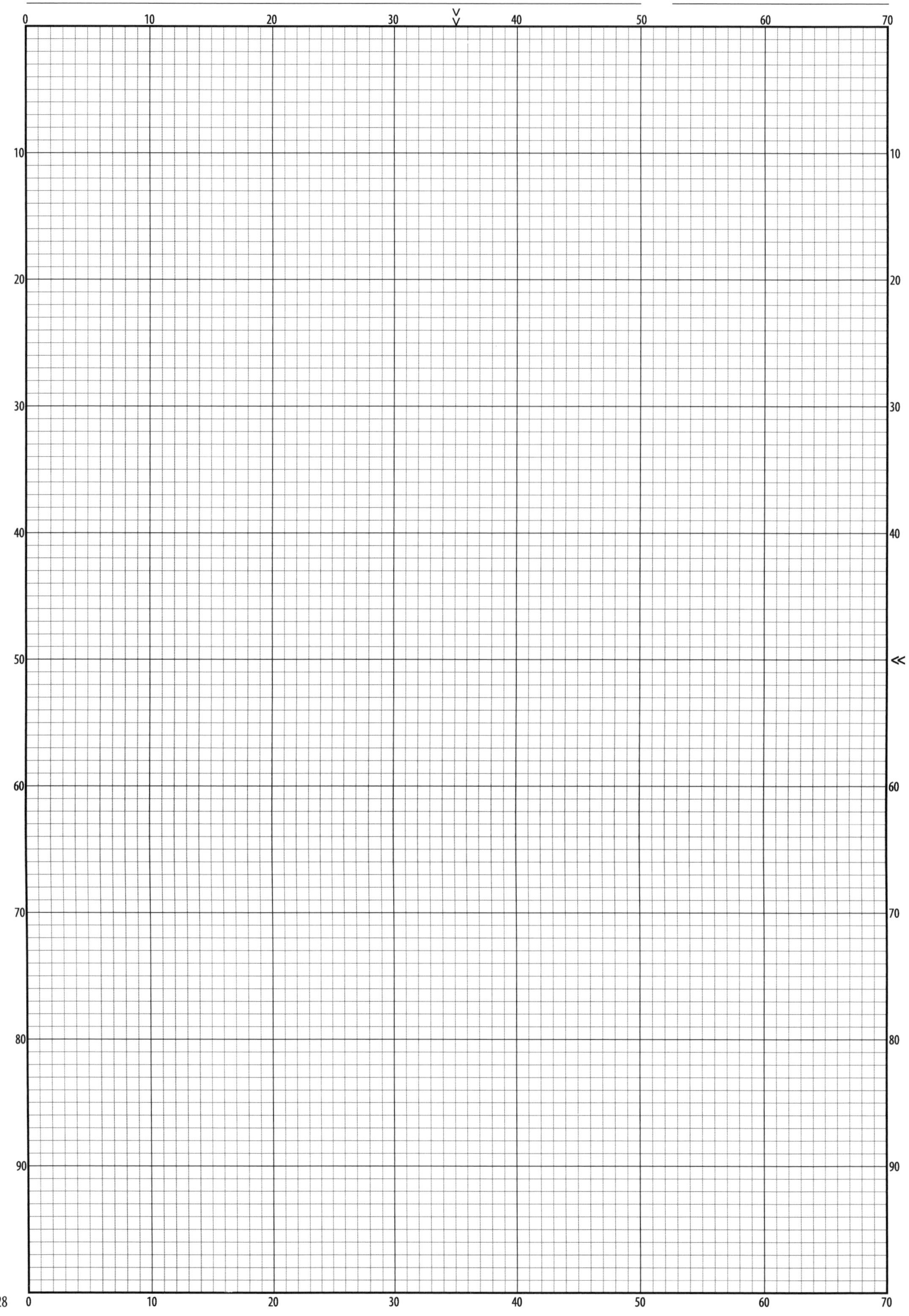

0 10 20 30 40 50 60 70
10 20 30 40 50 60 70 80 90

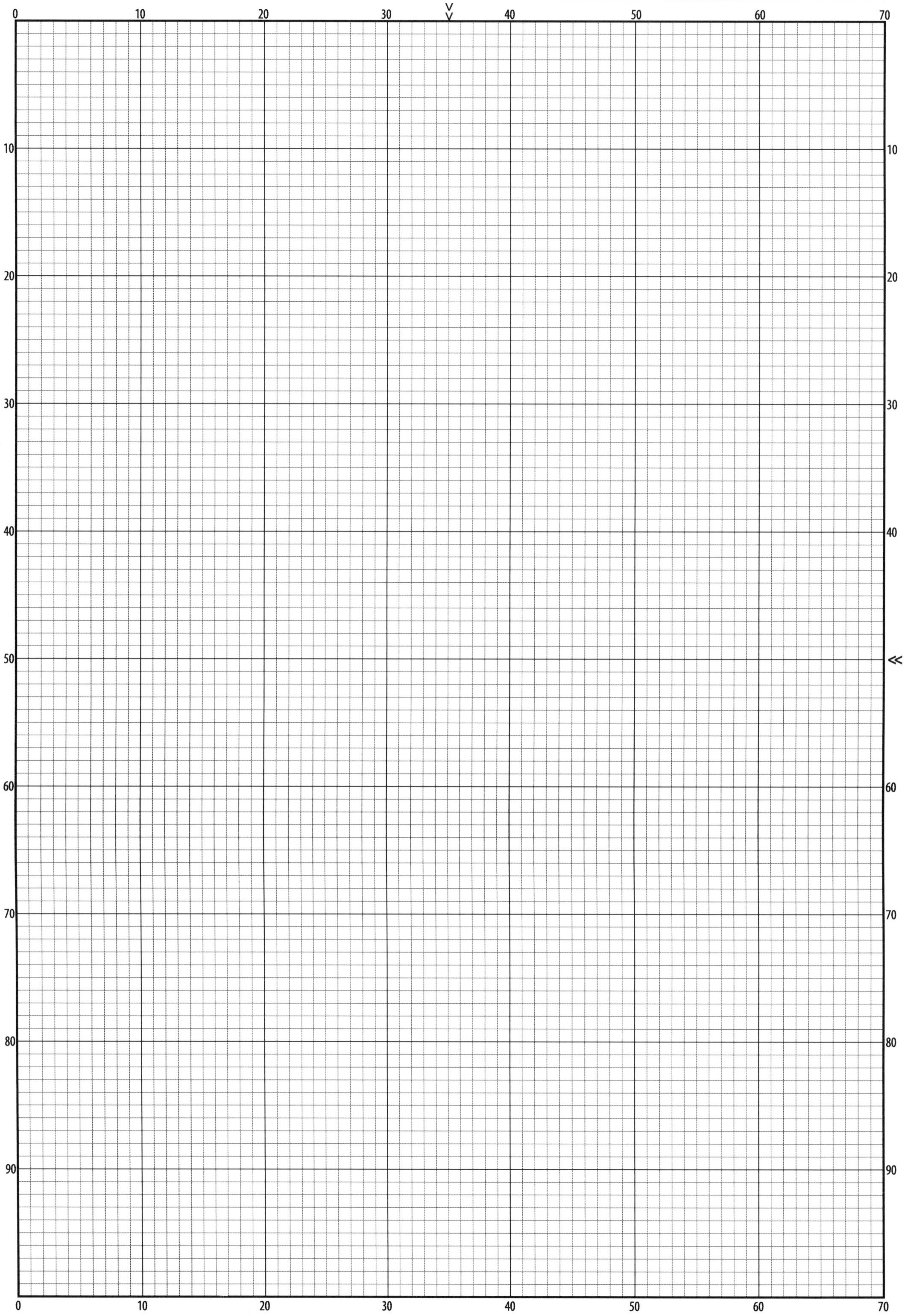

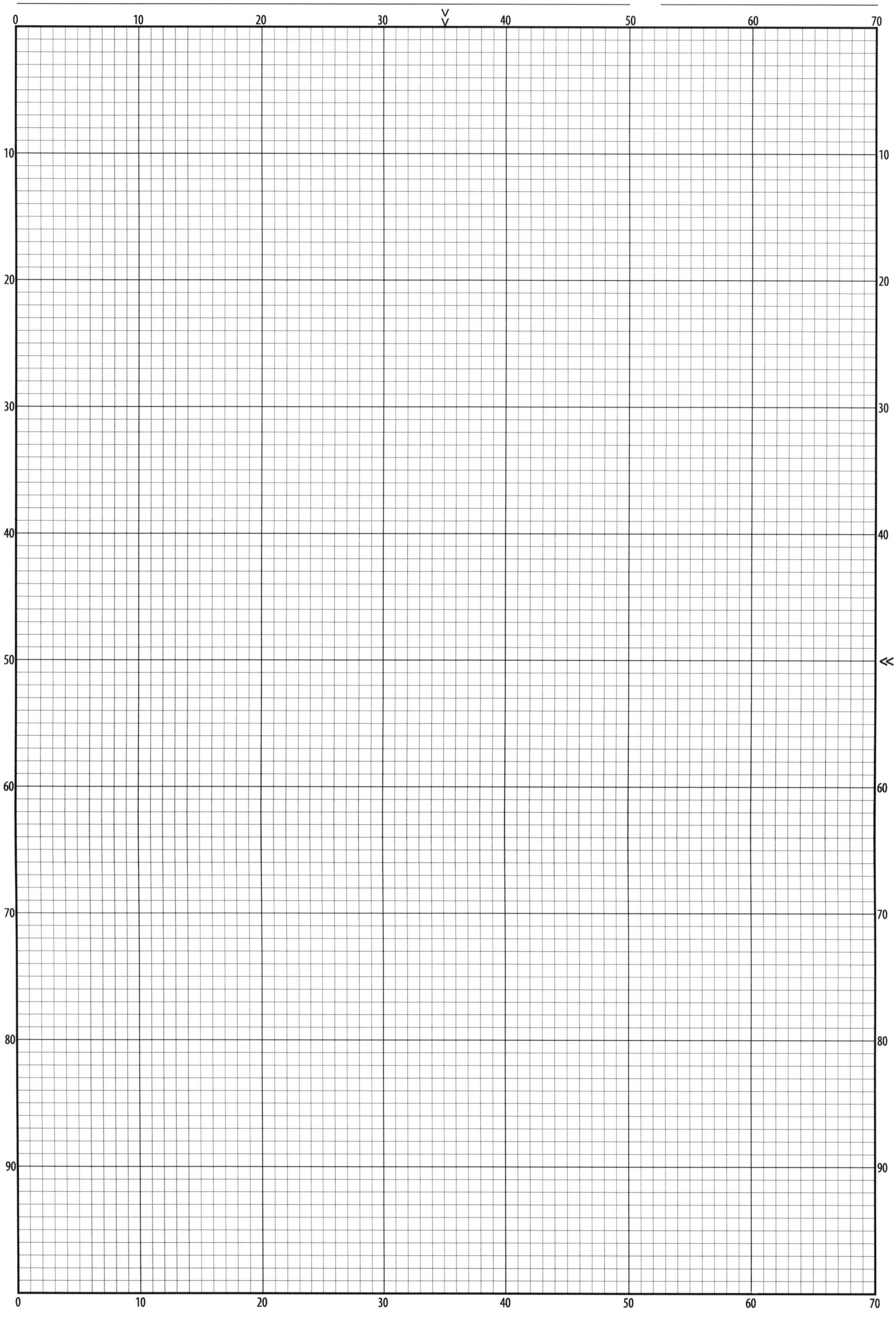

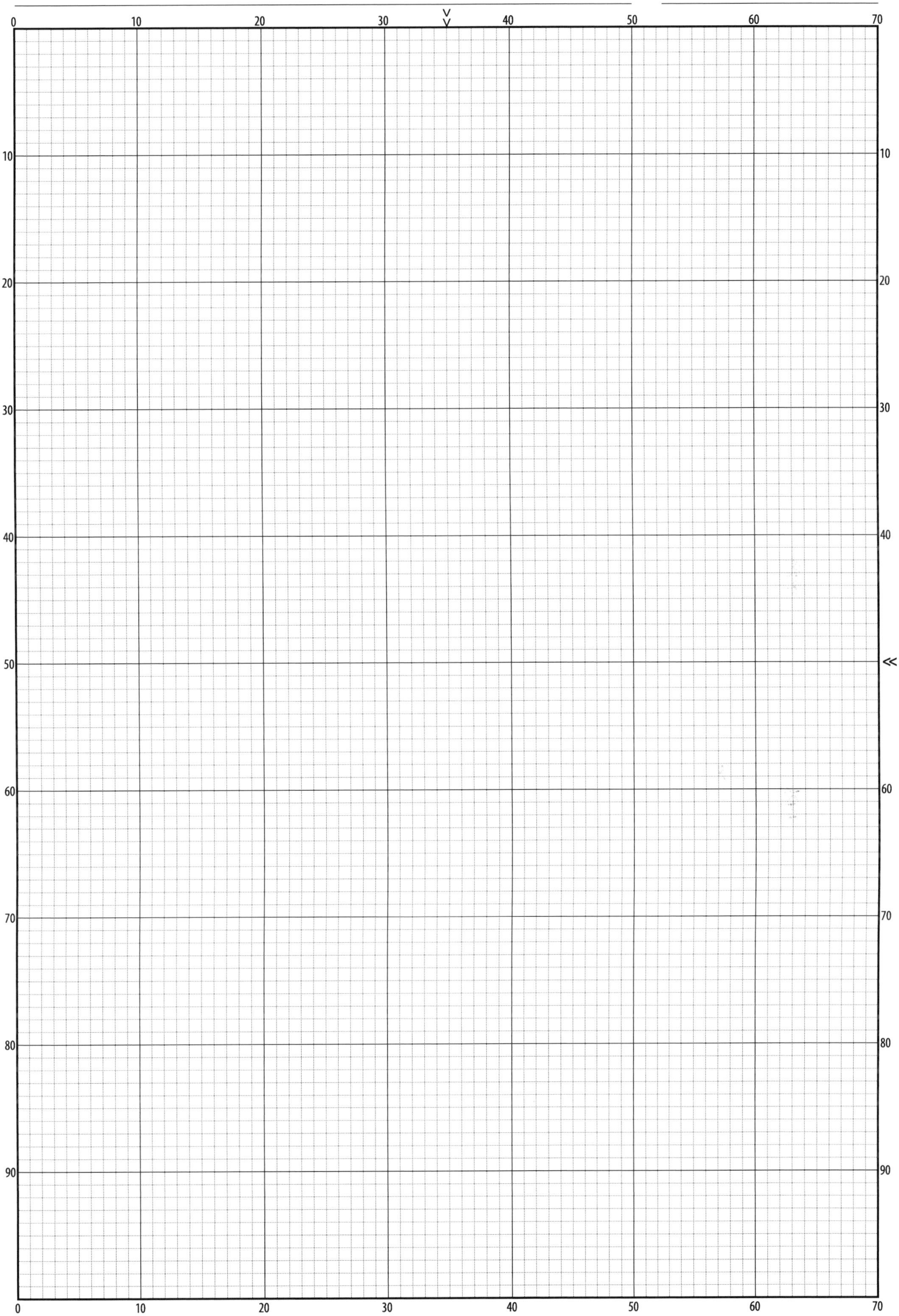
0 10 20 30 40 50 60 70
10 20 30 40 50 60 70 80 90

38120766R00086

Made in the USA
Middletown, DE
06 March 2019